KOGEBOGEN TIL AT FORBEREDE ET SUNDT MÅLTID

100 SUNDE OPSKRIFTER TIL LAVT KALORIEINDHOLD OG 6 TRIN-FOR-TRIN UGENTLIGE MADPLANER

Vilma Holm

Alle rettigheder forbeholdes.

Ansvarsfraskrivelse

Oplysningerne i denne e-bog er beregnet til at tjene som en omfattende samling af strategier, som forfatteren af denne e-bog har forsket i. Resuméer, strategier, tips og tricks er kun anbefalinger fra forfatteren, og læsning af denne e-bog garanterer ikke, at ens resultater nøjagtigt vil afspejle forfatterens resultater. Forfatteren af e-bogen har gjort enhver rimelig indsats for at give aktuelle og nøjagtige oplysninger til e-bogens læsere. Forfatteren og hans medarbejdere vil ikke blive holdt ansvarlige for eventuelle utilsigtede fejl eller udeladelser, der måtte blive fundet. Materialet i e-bogen kan indeholde oplysninger fra tredjeparter. Tredjepartsmateriale består af meninger udtrykt af deres ejere. Som sådan påtager forfatteren af e-bogen sig ikke ansvar eller ansvar for noget tredjepartsmateriale eller udtalelser. Uanset om det er på grund af internettets fremgang eller de uforudsete ændringer i virksomhedens politik og redaktionelle retningslinjer for indsendelse, kan det, der er angivet som kendsgerning på tidspunktet for skrivningen, blive forældet eller uanvendeligt senere.

E-bogen er copyright © 2022 med alle rettigheder forbeholdt. Det er ulovligt at viderdistribuere, kopiere eller skabe afledt arbejde fra denne e-bog helt eller delvist. Ingen dele af denne rapport må reproduceres eller genudsendes i nogen som helst form uden udtrykkelig skriftlig og underskrevet tilladelse fra forfatteren.

INDHOLDSFORTEGNELSE

INDHOLDSFORTEGNELSE 3
INTRODUKTION 7
MORGENMAD 8
    1. Fryser morgenmad Burritos 9
    2. Overnight Oats 12
    3. Vegetarisk morgenmadsbag 14
    4. Fryser morgenmadssandwicher 17
    5. Banannød mini-muffins 19
    6. Kalkun-kødbrødsmuffins 22
    7. Bønnesalsasalat 25
    8. Veggie-pakket Frittata 27
    9. All-American Morgenmad 29
    10. Morgenmad fyldte søde kartofler 32
    11. Blåbær havregryn yoghurt pandekager 35
    12. Buddha morgenmadsskåle 38
    13. Mason jar chia buddinger 41
    14. Rainbow Lime Chia Pudding 43
    15. Tropisk Kokos Chia Pudding 45
    16. Blåbær citron cheesecake havre 47
    17. Morgenmad croissant sandwich 49
    18. Hvidløg svampe havregryn 51
    19. PB-Havregrød morgenmadsskål 54
    20. Protein power vafler 56
    21. Mini-bagelbar med røget laks 58
SMOOTHIES 60
    22. Bærroesmoothie 61
    23. Banan-jordnøddesmør "milkshake" 63
    24. Antioxidant acai bær smoothie 65
    25. Berry melon smoothie 67

26. Schwarzwald smoothie ... 69
27. Blåbærtærtesmoothie ... 71
28. Gulerod ingefær smoothie ... 73
29. Cremet grøn gudinde smoothie ... 75
30. Have kiwi smoothie ... 77
31. Grøn detox smoothie ... 79
32. Grøn protein smoothie ... 81
33. Gulerod gurkemeje smoothie ... 83
34. Fersken melba smoothie ... 85
35. Rainbow kokos smoothie ... 87
36. Tropisk grøn smoothie ... 90
37. Tropisk Quinoa Smoothie ... 92

SNACKKASSE ... 94

38. Antipasto snackboks til to ... 95,-
39. Buffalo-kyllingselleris snackboks ... 97
40. Kylling og hummus bistro æske ... 99
41. Chokolade-jordbær energibid ... 101
42. Deli snack boks ... 104
43. Pizza snackables ... 106
44. Græsk kikærtekraftsalat ... 108
45. Grønkålschips snackboks ... 111
48. Mini græskar protein donuts ... 114
49. Regnbuehummus veggie-hjul ... 117
50. Salsa snack boks ... 120
51. Hjemmelavet Hummus ... 123
52. Trail Mix ... 125
53. Oliefri Pesto ... 127
54. Æggemuffins ... 129
55. Tofubid ... 131
56. Kyllingesalat ... 133
57. Tex-Mex Quinoa ... 135
58. Forberedelse af tunsalatmåltid ... 138

VARM FROKOST ... 141

59. Kylling Burrito Skåle 142
60. Kylling Tikka Masala 145
61. Græske Kyllingeskåle 148
62. Koreansk Måltid Tilberedt Oksekød Skåle 152
63. Mason Jar Kylling og Ramen Suppe 156
64. Murerkrukke Bolognese 159
65. Mason Krukke Lasagne 162
66. Miso Ingefær Detox Suppe 166
67. Fyldte Søde Kartofler 169
68. Koreanske Fyldte Kartofler med Kylling 171
69. Grønkål og Rød Peber Fyldte Kartofler 174
70. Sennep Kylling Fyldte Kartofler 177
71. Sorte Bønner og Pico de Gallo Fyldte Kartofler 180
72. Zucchininudler med Kalkunfrikadeller 183
73. Lette Frikadeller 186
74. 3-Ingredienssuppe 188
75. Slow Cooker Salsa Tyrkiet 190
76. Burrito-Bowl-In-A-Jar 192

KOLD FROKOST 194

77. Carnitas Måltidsskåle 195
78. Chicago Hotdog Salat 198
79. Fisk Taco Skåle 201
80. Høstkolbesalat 205
81. Buffalo Blomkål Cobb Salat 209
82. Mason Krukke Rødbeder og Rosenkål 212
83. Mason Jar Broccolisalat 215
84. Mason Krukke Kyllingesalat 217
85. Mason Krukke Kinesisk Kyllingesalat 220
86. Mason Jar Niçoise Salat 223
87. Krydret Tun Skåle 226
88. Steak Cobb Salat 229
89. Sød Kartoffel Nærende Skåle 232
90. Thai Kylling Buddha Skåle 235

91. THAI PEANUT CHICKEN WRAPS 239
92. KALKUNSPINATHJUL 242
93. KALKUN TACO SALAT 244
94. MEGET GRØN MASON JAR SALAT 246
95. ZUCCHINI FORÅRSRULLESKÅLE 249

FRYSEMALTID **252**

96. BUTTERNUT SQUASH FRITTER 253
97. GULEROD INGEFÆR SUPPE 256
98. OSTEAGTIG KYLLING OG BROCCOLI RISGRYDE 259
99. KYLLING OG QUINOA TORTILLA SUPPE 262
100. KALKUN TAMALETÆRTER MED MAJSBRØDSKORPE 266

KONKLUSION **270**

INTRODUKTION

Måltidsforberedelse er det hemmelige våben for alle de berømtheder, der er ubesværet fit, der strejfer rundt i LA – det er, hvad mange af de bedste private kokke gør for at holde deres kunder på sporet og glade.

Måltidsforberedelse gør det nemt at få et perfekt portioneret, kaloriefattigt fuldmadsmåltid lige ved hånden til enhver tid. Ved at tilberede måltider i weekenden og dele måltiderne op i de helt rigtige, kaloriekontrollerede portioner, er det lige så nemt at snuppe din tilberedte koreanske bibimbap-skål på en travl hverdag, som det er at snuppe en butikskøbt, natriumfyldt version eller en take-out, kalorierig version.

MORGENMAD

1. Fryser Morgenmad Burritos

Giver 12 burritos

ingredienser

- ½ kop (80 g) hakkede løg
- 1 kop (70 g) champignon i tern
- 2 kopper (80 g) hakket spinat
- 2 kopper æg (480 g) tacokrydderi (pakke eller hjemmelavet)
- 1 kop (100 g) tomater i tern
- 12-16 oz. (340-450g) kogt malet kalkun/pølse
- 12 tortillas (low-carb, spiret korn og fuld hvede er alle gode lysmuligheder)
- fedtfattig ost, valgfri

Vejbeskrivelse

a) Svits løg i lidt madlavningsspray, indtil de er gennemsigtige og møre, kun et par minutter. Tilsæt svampe og spinat. Lad spinaten visne.

b) Pisk æg og æggehvider sammen. Hæld i en opvarmet stegepande og rør æg til de er kogte.

c) Tilsæt kød, tacokrydderi og tomater, rør godt sammen og overtræk.

d) Fyld tortillas med blanding og top med et nip fedtfattig ost, hvis det ønskes.

e) Fold tortillas i burritos, læg siderne ind, så fyldet er helt lukket, og pak dem ind i plastfolie for at bevare formen. Fryse!

f) Når du er klar til at nyde, genopvarm i mikrobølgeovnen i ca. 1-2 minutter, drej halvvejs.

2. Overnight Havre

Udbytte 1 år

ingredienser

- ½ kop (40 g) havre (enhver slags vil gøre det!)
- ½ kop (120 ml) mandelmælk (eller mælk efter eget valg)
- 1 ske chokoladeproteinpulver (valgfrit)
- ¼ kop (75 g) mosede bananer
- 2 spsk græsk yoghurt
- 1 spsk jordnøddesmør
- stevia, honning eller sødemiddel efter smag

Vejbeskrivelse

a) Kombiner alle ingredienser i en krukke, juster sødme og tekstur efter smag.

b) Stil glasset i køleskabet natten over eller i mindst 4 timer.

c) Tag ud af køleskabet og spis koldt!

d) Lav op til 5 dage i forvejen og opbevar i køleskabet.

3. Vegetarisk morgenmadsbag

Giver 12 portioner

ingredienser

- 1 kop (160 g) løg, hakket
- 1 spsk hakket hvidløg
- 4 oz. (115 g) champignon i skiver
- 1 pakke frossen spinat eller 1 pose frisk (254 g)
- 110 oz. (280g) pose frossen broccoli, optøet
- 4 skiver (112 g) fuldkorns- eller spiret brød, skåret i tern (ca. $\frac{1}{2}$")
- 4 æg
- 3 kopper (720 g) æggehvider/erstatning
- 2 kopper (480 ml) mandelmælk
- $\frac{1}{2}$ kop (60 g) schweizerost
- $\frac{1}{2}$ tsk muskatnød
- $\frac{3}{4}$ tsk salt (efter smag)
- $\frac{1}{2}$ tsk peber (efter smag)
- $\frac{1}{2}$ kop (60 g) fedtfattig cheddarost

Vejbeskrivelse

a) Sautér løg, hvidløg, svampe og spinat i en stegepande ved hjælp af madlavningsspray (du kan bruge olie, men ernæringsdata vil variere). Kombiner med optøet broccoli. Sæt til side.

b) Fordel brødterninger over bunden af bageformen.

c) Pisk æg, æggehvider/erstatning, mandelmælk, schweizerost, muskatnød, salt og peber sammen.

d) Læg grøntsager i lag over brød, vedligehold 2 lag efter bedste evne.

e) Hæld æggeblandingen over hele bageformen, og dæk begge lag brød/grøntsager helt.

f) Dæk til og stil på køl natten over (ca. 8 timer).

g) Om morgenen forvarm ovnen til 350F (180C). Top bagen med cheddarost. Bag 50-60 minutter, indtil osten begynder at brune og æggene er gennemstegte.

h) Sluk varmt, gem til genopvarmning, eller nyd koldt senere!

i) Holder sig 5 dage i køleskabet, eller 3-4 måneder i fryseren.

4. Fryser morgenmadssandwicher

Giver 6 sandwich

ingredienser

- 1 ½ kop æg (360 g) eller æggehvider/erstatning, krydret med salt og peber
- 6 engelske muffins (fuld hvede eller spiret korn)
- 12 skiver deli kylling eller skinke
- 6 skiver cheddarost i tynde skiver

Vejbeskrivelse

a) Forvarm ovnen til 375F (190C).

b) Sprøjt 6 små ramekins med madlavningsspray og hæld ¼ kop (60 g) æggeblanding i hver. Bages i 15-20 minutter, indtil de er helt sat. Stil til side og lad køle af.

c) Når de er afkølet, samles sandwichene. Læg æg på bunden af en engelsk muffin, efterfulgt af 2 skiver delikatessekød, 1 skive tynd cheddarost og toppen af muffinsen.

d) Pak ind i plastfolie og overfør til en større plastikopbevaringspose eller plastikopbevaringsbeholder.

5. Banannød mini-muffins

Giver 24 minimuffins

ingredienser

- 2 bananer, mosede
- 1 æg
- ¾ kop (60 g) havremel
- 2 spsk jordnøddesmør
- 1 tsk vanilje
- ¾ teskefulde bagepulver
- ½ tsk kanel
- 1-2 spiseskefulde stevia eller granuleret sødemiddel efter smag
- ¼ kop (30 g) knuste valnødder, plus yderligere til topping, hvis det ønskes

Vejbeskrivelse

a) Forvarm ovnen til 375F (190C).

b) Bland alle ingredienser sammen, bland godt. Juster sødmen efter smag - bananerne er et fantastisk naturligt sødemiddel, så du behøver måske ikke meget!

c) Overfør til en mini-muffinform, der er blevet sprøjtet med madlavningsspray, fylder cirka ¾ af vejen fuld.

d) Bages i 10-12 minutter, indtil en tandstik kommer ren ud og de er lyse gyldenbrune.

e) Lad den køle lidt af, før du tager den ud af gryden og fortærer!

f) Holder sig 1 uge i køleskabet, eller 2-3 måneder i fryseren.

6. Kalkun kødbrød muffins

Giver 24 minimuffins

ingredienser

- 20 oz. (600 g) ekstra magert malet kalkunbryst
- ½ kop (120 g) æggehvider
- ½ kop (40 g) havre
- 1 tsk gul sennep
- 1 tsk dijonsennep
- 1 kop (40 g) hakket spinat
- ½ kop (80 g) løg
- ¼ kop (45 g) rød peberfrugt
- ¼ kop (25 g) selleri
- 1 tsk hakket hvidløg
- ½ tsk hvidløgspulver salt og peber efter smag

Vejbeskrivelse

a) Forvarm ovnen til 350F (180C).

b) Bland alle ingredienser i en skål.

c) Fordel kødblandingen i en mini-muffinform, der er sprøjtet med madlavningsspray - en 1-spsk-småskeske fungerer godt at fordele.

d) Bages i cirka 15-20 minutter.

e) Holder sig 5 dage i køleskabet, eller 3-4 måneder i fryseren.

7. Bønnesalsasalat

Giver omkring 8 kopper

ingredienser

- 1 15 oz. dåse (425g) sorte bønner, drænet/skyllet
- 1 15 oz. dåse (425g) garbanzobønner eller hvide bønner, drænet/skyllet
- 1 15 oz. dåse (425g) gul majs, drænet/skyllet
- 1 10 oz. dåse (280 g) tomater og chili i tern
- 1 spsk hakket hvidløg
- ½ kop (115 g) hakket grønne løg
- 2 spsk koriander
- ½ kop (240 ml) mojo-marinade

Vejbeskrivelse

a) Bland alle ingredienser sammen i en skål.

b) Lad køle i køleskabet i et par timer.

c) Holder sig op til en uge i køleskabet.

8. Veggie-pakket Frittata

Giver 1 portion

ingredienser

- 1-2 kopper (180-360 g) grøntsager i tern
- ½ kop (20 g) spinat, hakket
- ¾ kop (180 g) æggehvider krydret med salt og peber
- Salsa til topping

Vejbeskrivelse

a) Forvarm ovnen til at stege.

b) Varm en stor stegepande op over medium-høj varme. Spray med nonstick madlavningsspray.

c) Tilsæt grøntsager og spinat. Sauter i gryden i 3-5 minutter, indtil grøntsagerne er møre og spinaten er visnet.

d) Hæld æggeblandingen i gryden. Lad bunden stivne (3-4 minutter). Brug din spatel til at gå rundt om frittataens omkreds, og løft det satte æg.

e) placer stegepanden i slagtekyllingen i 3 minutter.

f) Fjern forsigtigt og pladér. Skær og server med salsa!

9. All-American morgenmad

ingredienser

- 12 ounces rødbrune kartofler i tern
- 3 spsk olivenolie, delt
- 2 fed hvidløg, hakket
- ½ tsk tørret timian
- Kosher salt og friskkværnet sort peber efter smag
- 8 store æg, let pisket
- ¼ kop revet mexicansk osteblanding med reduceret fedtindhold
- 4 skiver bacon
- 12 ounce broccolibuketter (2 til 3 kopper)

Vejbeskrivelse

a) Forvarm ovnen til 400 grader F. Smør en bageplade let eller belæg den med nonstick-spray.

b) På den forberedte bageplade, smid kartoflerne med 1 spsk olivenolie, hvidløg og timian; smag til med salt og peber. Arranger i et enkelt lag. Bages i 25 til 30 minutter, indtil de er gyldenbrune og sprøde; sæt til side.

c) Opvarm de resterende 2 spsk olivenolie i en stor stegepande over medium-høj varme. Tilsæt æggene og pisk indtil de lige begynder at stivne. Smag til med salt og peber, og fortsæt med at koge, indtil det er tyknet, og der ikke er nogen synlige flydende æg tilbage, 3 til 5 minutter. Top med osten, kom over i en skål og stil til side.

d) Tilsæt bacon til stegepanden og steg indtil brun og sprød, 6 til 8 minutter. Overfør til en tallerken foret med køkkenrulle.

e) Læg i mellemtiden broccolibukterne i en dampkoger eller et dørslag sat over omkring en tomme kogende vand i en gryde. Dæk til og damp i 5 minutter, eller indtil den er sprød og grøn.

f) Fordel kartofler, æg, bacon og broccoli i måltidsbeholdere. Holder sig tildækket i køleskabet i 3 til 4 dage. Genopvarm i mikrobølgeovnen i 30 sekunders intervaller, indtil den er gennemvarmet.

10. Morgenmad fyldte søde kartofler

ingredienser

- 2 mellemstore søde kartofler
- 1 spsk olivenolie
- 2 spsk rød peberfrugt i tern
- 1 fed hvidløg, hakket
- ½ tsk knuste røde peberflager
- 4 kopper babyspinat
- 4 store æg, let pisket
- 1 tsk italiensk krydderi
- Kosher salt og friskkværnet sort peber efter smag
- ½ kop revet fedtfattig cheddarost
- 1 spsk hakket frisk purløg (valgfrit)

Vejbeskrivelse

a) Forvarm ovnen til 400 grader F. Læg kartoflerne på en bageplade og bag dem i 45 minutter til 1 time, indtil de er møre og let gennembores med en gaffel. Lad sidde indtil køligt nok til at håndtere. Sluk ikke ovnen.

b) Skær hver kartoffel i halve vandret, og tag derefter forsigtigt midten af hver halvdel ud, og efterlader omkring $\frac{1}{2}$ tomme kartoffel på skindet. Gem kødet til anden brug.

c) Varm olivenolien op i en stor stegepande ved middelhøj varme. Tilsæt peberfrugten og kog under jævnlig omrøring, indtil den er mør, 3 til 4 minutter. Rør hvidløg og rød peberflager i, og derefter spinaten og rør, indtil det er visnet, 2 til 3 minutter. Tilsæt æg og italiensk krydderi; kog, omrør lejlighedsvis med en spatel, indtil det lige er sat, 2 til 3 minutter; smag til med salt og peber.

d) Tilsæt æggeblandingen til kartoffelskallerne og drys med osten. Læg tilbage på bagepladen og bag i 400 graders ovn i 5 minutter, eller indtil osten er smeltet.

e) Del i beholdere til måltidsforberedelse. Holder sig tildækket i køleskabet i 3 til 4 dage. Genopvarm i mikrobølgeovnen i 30 sekunders intervaller, indtil den er gennemvarmet. Pynt med purløg, hvis det ønskes, og server.

11. Blåbær havregryn yoghurt pandekager

ingredienser

- ½ plus ⅓ kop hvidt fuldkornshvedemel
- ½ kop gammeldags havregryn
- 1½ tsk sukker
- ½ tsk bagepulver
- ½ tsk bagepulver
- ¼ tsk kosher salt
- ¾ kop græsk yoghurt
- ½ kop 2% mælk
- 1 tsk olivenolie
- 1 stort æg
- ½ kop blåbær
- 12 jordbær, skåret i tynde skiver
- 2 kiwi, skrællet og skåret i tynde skiver
- ¼ kop ahornsirup

Vejbeskrivelse

a) Forvarm en nonstick bageplade til 350 grader F eller opvarm en nonstick stegepande over medium-høj varme. Beklæd stegen eller stegepanden let med nonstick-spray.

b) I en stor skål kombineres mel, havre, sukker, bagepulver, bagepulver og salt. Pisk yoghurt, mælk, olivenolie og æg sammen i et stort glasmålebæger eller en anden skål. Hæld den våde blanding over de tørre ingredienser og rør rundt med en gummispatel lige til det er fugtigt. Tilsæt blåbærene og vend forsigtigt sammen.

c) Arbejd i portioner, øs ⅓ kop dej til hver pandekage på bagepladen og steg, indtil der kommer bobler på toppen og undersiden er pænt brunet, cirka 2 minutter. Vend og steg pandekagerne på den anden side, 1 til 2 minutter længere.

d) Fordel pandekager, jordbær, kiwi og ahornsirup i måltidsbeholdere. Holder sig tildækket i køleskabet i 3 til 4 dage. For at genopvarme skal du sætte den i mikrobølgeovnen i 30 sekunders intervaller, indtil den er gennemvarmet.

12.   Buddha morgenmadsskåle

ingredienser

- 2 kopper grøntsagsfond med lavt natriumindhold
- 1 kop brune ris
- ¼ kop friskrevet parmesan
- 1 tsk tørret timian
- Kosher salt og friskkværnet sort peber efter smag
- 1 kop rosenkål
- 1 kop cherrytomater
- 8 ounce cremini svampe
- 2 spsk olivenolie
- 3 fed hvidløg, hakket
- 1 tsk italiensk krydderi
- 4 store æg
- 2 spsk hakket frisk purløg (valgfrit)

Vejbeskrivelse

a) I en stor gryde med grøntsagsfond koges risene efter anvisningen på pakken. Rør parmesan og timian i og smag til med salt og peber.

b) Forvarm ovnen til 400 grader F. Smør en bageplade let eller belæg den med nonstick-spray.

c) På den forberedte bageplade, kombiner rosenkål, tomater og svampe med olivenolie, hvidløg og italiensk krydderi; smag til med salt og peber. Vend forsigtigt for at kombinere og arrangere i et enkelt lag. Bages i 13 til 14 minutter, indtil spirerne er møre.

d) Læg i mellemtiden æggene i en lille gryde og dæk med koldt vand med 1 tomme. Bring i kog og kog i 1 minut. Dæk gryden til med et tætsluttende låg og fjern fra varmen; lad det sidde i 5 til 6 minutter. Skyl æggene under koldt vand i 30 sekunder for at stoppe tilberedningen. Skræl og skær i halve.

e) Fordel risene i måltidsbeholdere. Top med rosenkål, tomater, svampe og æg, og pynt med purløg, hvis det ønskes. Holder sig tildækket i køleskabet i 2 til 3 dage. Genopvarm i mikrobølgeovnen i 30 sekunders intervaller, indtil den er gennemvarmet.

13. Mason jar chia buddinger

ingredienser

- 1 ¼ kop 2% mælk
- 1 kop 2% almindelig græsk yoghurt
- ½ kop chiafrø
- 2 spiseskefulde honning
- 2 spsk sukker
- 1 spsk appelsinskal
- 2 tsk vaniljeekstrakt
- ¾ kop segmenterede appelsiner
- ¾ kop segmenterede mandariner
- ½ kop segmenteret grapefrugt

Vejbeskrivelse

a) I en stor skål piskes mælk, græsk yoghurt, chiafrø, honning, sukker, appelsinskal, vanilje og salt sammen, indtil det er godt blandet.

b) Fordel blandingen jævnt i fire (16-ounce) murerkrukker. Stil på køl natten over eller op til 5 dage.

c) Serveres koldt, toppet med appelsiner, mandariner og grapefrugt.

14. Rainbow Lime Chia Pudding

ingredienser

- 1 ¼ kop 2% mælk
- 1 kop 2% almindelig græsk yoghurt
- ½ kop chiafrø
- 2 spiseskefulde honning
- 2 spsk sukker
- 2 tsk limeskal
- 2 spsk friskpresset limesaft
- 1 tsk vaniljeekstrakt
- 1 kop hakkede jordbær og blåbær
- ½ kop mango i tern og ½ kop kiwi i tern

Vejbeskrivelse

a) I en stor skål piskes mælk, yoghurt, chiafrø, honning, sukker, limeskal, limesaft, vanilje og salt sammen, indtil det er godt blandet.

b) Fordel blandingen jævnt i fire (16-ounce) murerkrukker. Dæk til og stil på køl natten over eller op til 5 dage.

c) Serveres koldt, toppet med jordbær, mango, kiwi og blåbær.

15.   Tropisk kokos chia budding

ingredienser

- 1 (13,5 ounce) dåse kokosmælk
- 1 kop 2% almindelig græsk yoghurt
- ½ kop chiafrø
- 2 spiseskefulde honning
- 2 spsk sukker
- 1 tsk vaniljeekstrakt
- Knip kosher salt
- 1 kop mango i tern
- 1 kop ananas i tern
- 2 spsk revet kokosnød

Vejbeskrivelse

a) I en stor skål piskes kokosmælk, yoghurt, chiafrø, honning, sukker, vanilje og salt sammen, indtil det er godt blandet.

b) Fordel blandingen jævnt i fire (16-ounce) murerkrukker. Dæk til og stil på køl natten over eller op til 5 dage.

c) Serveres koldt, toppet med mango og ananas og drysset med kokos.

16. Blåbær citron cheesecake havre

ingredienser

- ¼ kop fedtfri græsk yoghurt
- 2 spsk blåbæryoghurt
- ¼ kop blåbær
- 1 tsk revet citronskal
- 1 tsk honning

Vejbeskrivelse

a) Kombiner havre og mælk i en 16-ounce mason jar; top med ønskede toppings.

b) Stil på køl natten over eller op til 3 dage; serveres koldt.

17.   Morgenmad croissant sandwich

ingredienser

- 1 spsk olivenolie
- 4 store æg, let pisket
- Kosher salt og friskkværnet sort peber efter smag
- 8 mini croissanter, halveret vandret
- 4 ounce tynde skiver skinke
- 4 skiver cheddarost, halveret

Vejbeskrivelse

a) Varm olivenolien op i en stor stegepande ved middelhøj varme. Tilsæt æggene og kog under omrøring forsigtigt med en silikone eller varmefast spatel, indtil de lige begynder at sætte sig; smag til med salt og peber. Fortsæt med at lave mad, indtil det er tyknet, og der ikke er noget synligt flydende æg tilbage, 3 til 5 minutter.

b) Fyld croissanterne med æg, skinke og ost for at lave 8 sandwich. Pak den tæt ind i plastfolie og frys i op til 1 måned.

c) For at genopvarme skal du fjerne plastfolien fra en frossen sandwich og pakke den ind i et køkkenrulle. Mikrobølgeovn, vend halvvejs, i 1 til 2 minutter, indtil den er helt opvarmet.

18. Hvidløg svampe havregryn

ingredienser

- 2 kopper gammeldags havregryn
- Kosher salt og friskkværnet sort peber efter smag
- 1 spsk olivenolie
- 4 fed hvidløg, hakket
- ¼ kop skalotteløg i tern
- 8 ounce cremini-svampe, skåret i tynde skiver
- ½ kop frosne ærter
- 1 tsk tørret timian
- ½ tsk tørret rosmarin
- 2 kopper babyspinat
- Revet skal af 1 citron
- ¼ kop friskrevet parmesan (valgfrit)

Vejbeskrivelse

a) Kom havre, 3 ½ dl vand og en knivspids salt i en lille gryde ved middel varme. Kog under omrøring af og til, indtil havren er blødgjort, cirka 5 minutter.

b) Varm olivenolien op i en stor stegepande ved middelhøj varme. Tilsæt hvidløg og skalotteløg og kog under jævnlig omrøring, indtil dufter, cirka 2 minutter. Tilsæt svampe, ærter, timian og rosmarin og kog under omrøring af og til, indtil de er møre og brune, 5 til 6 minutter; smag til med salt og peber. Rør spinaten i, indtil den er visnet, cirka 2 minutter.

c) Rør havre og citronskal i grøntsagerne, indtil det er godt blandet. Fordel blandingen i måltidsbeholdere og pynt med parmesan, hvis det ønskes. Stil på køl i op til 3 dage.

d) Til servering røres op til ¼ kop vand i, 1 spsk ad gangen, indtil den ønskede konsistens er nået. Havregrynene kan derefter genopvarmes i mikroovnen i 30 sekunders intervaller, indtil de er gennemvarme.

19. PB-Havregryn morgenmadsskål

ingredienser

- ½ kop gammeldags havregryn
- Knip kosher salt
- 2 spsk hindbær
- 2 spsk blåbær
- 1 spsk hakkede mandler
- ½ tsk chiafrø
- 1 banan, skåret i tynde skiver
- 2 tsk jordnøddesmør, opvarmet

Vejbeskrivelse

a) Kombiner 1 kop vand, havre og salt i en lille gryde. Kog over medium varme, omrør lejlighedsvis, indtil havren er blødgjort, cirka 5 minutter.

b) Tilsæt havregryn til en måltidsforberedende beholder. Top med hindbær, blåbær, mandler, chiafrø og banan, og dryp med det varme jordnøddesmør. Holder sig tildækket i køleskabet i 3 til 4 dage.

c) Havregrynene kan serveres kolde eller genopvarmede. Genopvarm i mikrobølgeovnen med 30 sekunders mellemrum, indtil den er gennemvarmet.

20. Protein power vafler

ingredienser

- 6 store æg
- 2 kopper hytteost
- 2 kopper gammeldags havregryn
- ½ tsk vaniljeekstrakt
- Knip kosher salt
- 3 kopper fedtfri yoghurt
- 1½ dl hindbær
- 1½ dl blåbær

Vejbeskrivelse

a) Forvarm et vaffeljern til medium høj. Smør let toppen og bunden af strygejernet eller beklæd med non-stick spray.

b) Kom æg, hytteost, havre, vanilje og salt i en blender og blend, indtil det er glat.

c) Hæld en lille ½ kop af æggeblandingen i vaffeljernet, luk forsigtigt, og kog indtil gyldenbrun og sprød, 4 til 5 minutter.

d) Placer vafler, yoghurt, hindbær og blåbær i måltidsbeholdere.

21. Mini-bagel bar med røget laks

ingredienser

- ¼ kop ⅓ -mindre fed flødeost, ved stuetemperatur
- 1 grønt løg, skåret i tynde skiver
- 1 spsk hakket frisk dild
- 1 tsk revet citronskal
- ¼ tsk hvidløgspulver
- 4 fuldkorns mini bagels
- 8 ounce røget laks
- ½ kop engelsk agurk i tynde skiver
- ½ kop rødløg i tynde skiver
- 2 blommetomater, skåret i tynde skiver
- 4 tsk kapers, drænet og skyllet

Vejbeskrivelse

a) Kombiner flødeost, grønne løg, dild, citronskal og hvidløgspulver i en lille skål.

b) Placer osteblandingen, bagels, laks, agurk, løg, tomater og kapers i måltidsbeholdere og tilsæt citronbåde, hvis det ønskes. Disse holder sig i køleskabet i op til 2 dage.

SMOOTHIES

22. Bærroe smoothie

ingredienser

TIL FORBEREDELSE

- 1 (9 ounce) pakke kogte rødbeder
- 1 kop frosne jordbær
- 1 kop frosne hindbær
- 1 spsk chiafrø

AT TJENE

- 1 kop usødet vanilje mandelmælk
- ½ kop 2% græsk yoghurt
- 2 spiseskefulde honning
- 1 tsk vaniljeekstrakt

Vejbeskrivelse

a) Kombiner rødbeder, jordbær, hindbær og chiafrø i en stor skål. Fordel mellem 4 ziplock fryseposer. Frys i op til en måned, indtil den skal serveres.

b) Kom indholdet af en pose i en blender og tilsæt ¼ kop mandelmælk, 2 spsk yoghurt, 1 ½ tsk honning og ¼ tsk vanilje. Blend indtil glat. Server straks.

23.   Banan-jordnøddesmør "milkshake"

ingredienser

TIL FORBEREDELSE

- 3 mellemstore bananer, skåret i skiver
- ⅓ kop jordnøddesmørpulver (såsom PB2)
- ⅓ kop vaniljeproteinpulver
- 3 udstenede dadler
- ¼ tsk stødt kanel

AT TJENE

- 1 kop usødet mandelmælk
- ½ kop græsk yoghurt
- Kanel (valgfrit)

Vejbeskrivelse

a) Kombiner bananer, PB-pulver, proteinpulver, dadler og kanel i en stor skål. Fordel mellem 5 ziplock fryseposer og frys i op til en måned, indtil de skal serveres

b) Placer indholdet af en pose i en blender og tilsæt en generøs 3 spsk mandelmælk, 1 ½ spsk yoghurt og ¼ kop is. Blend indtil glat. Drys med kanel, hvis du bruger, og server straks.

24. Antioxidant acai bær smoothie

ingredienser

TIL FORBEREDELSE

- 2 (3,88 ounce) pakker frossen acai puré, optøet
- 1 kop frosne hindbær
- 1 kop frosne blåbær
- 1 kop frosne brombær
- 1 kop frosne jordbær
- ½ kop granatæblekerner

AT TJENE

- 1½ dl granatæblejuice

Vejbeskrivelse

a) Kombiner acai, hindbær, blåbær, brombær, jordbær og granatæblekerner i en stor skål. Fordel blandingen mellem 4 ziplock fryseposer. Frys i op til en måned, indtil den skal serveres.

b) Placer indholdet af en pose i en blender, tilsæt en generøs ⅓ kop granatæblejuice, og blend indtil glat. Server straks.

25. Bær melon smoothie

ingredienser

TIL FORBEREDELSE

- 4 kopper frossen vandmelon i tern
- 2 kopper cantaloupe i tern
- 1 kop frosne hindbær
- ⅓ kop pakkede friske mynteblade

AT TJENE

- 1 kop kokosvand
- 4 spsk frisk limesaft
- 2 spiseskefulde honning

Vejbeskrivelse

a) Kombiner vandmelon, cantaloupe, hindbær og mynte i en stor skål. Fordel mellem 4 ziplock fryseposer og frys i op til en måned, indtil de skal serveres.

b) SÅDAN LAVER DU EN SERVERING: Placer indholdet af en pose i en blender og tilsæt ¼ kop kokosvand, 1 spsk limesaft og 1 ½ tsk honning. Blend indtil glat. Server straks.

26. Schwarzwald smoothie

ingredienser

TIL FORBEREDELSE

- 1 (16-ounce) pose frosne, udstenede søde kirsebær
- 2 kopper babyspinat
- 2 spsk kakaopulver
- 1 spsk chiafrø

AT TJENE

- 1 kop usødet chokolade mandelmælk
- $\frac{3}{4}$ kop vanilje 2% græsk yoghurt
- 3 tsk ahornsirup
- 1 tsk vaniljeekstrakt

Vejbeskrivelse

a) Kombiner kirsebær, spinat, kakaopulver og chiafrø i en stor skål. Fordel mellem 4 ziplock fryseposer. Frys i op til en måned, indtil den skal serveres.

b) SÅDAN LAVER DU EN PORTION: Placer indholdet af en pose i en blender og tilsæt $\frac{1}{4}$ kop mandelmælk, 3 spsk yoghurt, $\frac{3}{4}$ tsk ahornsirup og $\frac{1}{4}$ tsk vanilje. Blend indtil glat. Server straks.

27. Blueberry pie smoothie

ingredienser

TIL FORBEREDELSE

- $2\frac{1}{2}$ kopper frosne blåbær
- 1 banan, skåret i skiver
- 2 hele kanel graham kiks, brækket i stykker
- 1 spsk mandelsmør

AT TJENE

- 1 kop usødet vanilje mandelmælk
- $\frac{1}{2}$ kop 2% græsk yoghurt
- 3 teskefulde honning

Vejbeskrivelse

a) Kombiner blåbær, banan, graham-crackers og mandelsmør i en stor skål. Fordel mellem 4 ziplock fryseposer. Frys i op til en måned, indtil den skal serveres.

b) SÅDAN LAVER DU EN PORTION: Placer indholdet af en pose i en blender og tilsæt $\frac{1}{4}$ kop mandelmælk, 2 spsk yoghurt og $\frac{3}{4}$ tsk honning. Blend indtil glat. Server straks.

28.   Gulerod ingefær smoothie

ingredienser

TIL FORBEREDELSE

- 2 navleappelsiner, skrællet, hakket og kerner fjernet
- 2 kopper frosne skåret gulerødder
- 1½ kopper frossen ananas i tern
- 1 spsk finthakket skrællet frisk ingefær

AT TJENE

- 1 kop gulerodsjuice
- 1 kop vanilje græsk yoghurt
- 3 teskefulde honning

Vejbeskrivelse

a) Kombiner appelsiner, gulerødder, ananas og ingefær i en stor skål. Fordel mellem 4 ziplock fryseposer. Frys i op til en måned, indtil den skal serveres.

b) SÅDAN LAVER DU EN PORTION: Placer indholdet af en pose i en blender og tilsæt ¼ kop gulerodsjuice, ¼ kop yoghurt og ¾ tsk honning. Blend indtil glat. Server straks.

29.   Cremet grøn gudinde smoothie

ingredienser

TIL FORBEREDELSE

- 1 avocado, halveret, udstenet og skrællet
- 2 kopper babyspinat
- 2 kopper babygrønkål
- 1½ kop ananas i tern
- 1 kop hakkede sukkerærter
- ⅓ kop vaniljeproteinpulver

AT TJENE

- 1½ dl usødet mandelmælk

Vejbeskrivelse

a) Kombiner avocado, spinat, grønkål, ananas, snapseærter og proteinpulver i en stor skål. Fordel mellem 6 lynlåse fryseposer. Frys i op til en måned, indtil den skal serveres.

b) SÅDAN LAVER DU EN PORTION: Placer indholdet af en pose i en blender og tilsæt ¼ kop mandelmælk. Blend indtil glat. Server straks.

30. Have kiwi smoothie

ingredienser

TIL FORBEREDELSE

- 4 kiwi, skrællet og skåret i skiver
- 2 kopper pakket babyspinat
- 1 kop skåret banan
- 2 spsk chiafrø

AT TJENE

- 1 kop vanilje græsk yoghurt
- 1 hoved Boston salat
- 3 persiske agurker, skåret i skiver

Vejbeskrivelse

a) Kombiner kiwi, spinat, banan og chiafrø i en stor skål. Fordel mellem 4 ziplock fryseposer. Frys i op til en måned, indtil den skal serveres.

b) FOR AT LAVE EN SERVERING: Placer indholdet af en pose i en blender og tilsæt ¼ kop yoghurt, ½ kop revet salatblade og skåret agurk. Blend indtil glat. Server straks.

31. Grøn detox smoothie

ingredienser

TIL FORBEREDELSE

- 2 kopper babyspinat
- 2 kopper baby grønkål
- 2 stilke selleri, hakket
- 1 mellemgrønt æble, udkeret og hakket
- 1 kop skåret banan
- 1 spsk revet frisk ingefær
- 1 spsk chiafrø

AT TJENE

- 1 kop usødet mandelmælk
- 3 teskefulde honning

Vejbeskrivelse

a) Kombiner spinat, grønkål, selleri, æble, banan, ingefær og chiafrø i en stor skål. Fordel mellem 4 ziplock fryseposer. Frys i op til en måned, indtil den skal serveres.

b) SÅDAN LAVER DU EN PORTION: Placer indholdet af en pose i en blender og tilsæt $\frac{1}{4}$ kop mandelmælk og $\frac{3}{4}$ tsk honning. Blend indtil glat. Server straks.

32. Grøn protein smoothie

ingredienser

TIL FORBEREDELSE

- 3 kopper babyspinat
- 1 banan, skåret i skiver
- ½ avocado, udstenet og skrællet
- ½ kop blåbær
- 2 håndfulde friske persilleblade
- 8 spsk vaniljeproteinpulver

AT TJENE

- 1 kop skåret agurk
- ¾ kop usødet mandelmælk

Vejbeskrivelse

a) Kombiner spinat, banan, avocado, blåbær, persille og proteinpulver i en stor skål. Fordel mellem 4 ziplock fryseposer. Frys i op til en måned, indtil den skal serveres.

b) SÅDAN LAVER DU EN PORTION: Placer indholdet af en pose i en blender og tilsæt ¼ kop agurk og 3 spsk mandelmælk. Blend indtil glat. Server straks.

33. Gulerod gurkemeje smoothie

ingredienser

TIL FORBEREDELSE

- 1 kop skåret frosne gulerødder
- 1 banan, skåret i skiver
- 1 mellemgrønt æble, udkeret og hakket
- 1 (1-tommer) stykke frisk ingefær, skrællet og skåret i skiver
- 1 tsk stødt gurkemeje, eller mere efter smag

AT TJENE

- 1 kop gulerodsjuice
- $\frac{1}{2}$ kop 2% græsk yoghurt
- 4 teskefulde ahornsirup
- $\frac{1}{2}$ tsk vaniljeekstrakt

Vejbeskrivelse

a) Kombiner gulerødder, banan, æble, ingefær og gurkemeje i en stor skål. Fordel mellem 4 ziplock fryseposer.

b) Placer indholdet af en pose i en blender og tilsæt $\frac{1}{4}$ kop gulerodsjuice, 2 spsk yoghurt, en generøs tsk ahornsirup, $\frac{1}{8}$ tsk vanilje og $\frac{1}{4}$ kop is. Blend indtil glat. Server straks.

34. Peach melba smoothie

ingredienser

TIL FORBEREDELSE

- 1 (16-ounce) pakke frosne ferskenskiver
- 1 kop frosne hindbær
- 1 appelsin, skrællet og kernet
- ⅓ kop vaniljeproteinpulver

AT TJENE

- ½ kop appelsinjuice
- 2 spsk frisk limesaft
- 3 teskefulde honning
- 1 ½ tsk vaniljeekstrakt

Vejbeskrivelse

a) Kombiner ferskner, hindbær, appelsin og proteinpulver i en stor skål. Fordel mellem 6 lynlåse fryseposer. Frys i op til en måned, indtil den skal serveres.

b) Kom indholdet af en pose i en blender og tilsæt 4 tsk appelsinjuice, 1 tsk limejuice, ½ tsk honning og en generøs ¼ tsk vanilje. Blend indtil glat. Server straks.

35.   Rainbow kokos smoothie

ingredienser

TIL FORBEREDELSE

- 2 mandariner, skrællet og delt
- 1 kop ananas i tern
- 1 kop mango i tern
- 1 kop snittede jordbær
- 1 kop blåbær
- 1 kop brombær
- 1 kiwi, skrællet og skåret i skiver
- 2 kopper babyspinat
- ½ kop kokos i flager

AT TJENE

- 2 kopper kokosvand

Vejbeskrivelse

a) Kombiner mandarinerne, ananas, mango, jordbær, blåbær, brombær, kiwi, spinat og kokos i en stor skål. Fordel mellem 6 lynlåse fryseposer. Frys i op til en måned, indtil den skal serveres.

b) SÅDAN LAVER DU EN PORTION: Placer indholdet af en pose i en blender og tilsæt ⅓ kop kokosvand. Blend indtil glat. Server straks.

36. Tropisk grøn smoothie

ingredienser

TIL FORBEREDELSE

- 4 kopper babyspinat
- 1 kop frossen mango
- ¾ kop frossen ananas
- 1 banan, skåret i skiver
- 2 mandariner, skrællet og delt
- 4 teskefulde chiafrø

AT TJENE

- 3 kopper kokosvand

Vejbeskrivelse

a) Kombiner spinat, mango, ananas, banan, mandariner og chiafrø i en stor skål. Fordel mellem 4 ziplock fryseposer. Frys i op til en måned, indtil den skal serveres.

b) SÅDAN LAVER DU EN PORTION: Kom indholdet af en pose i en blender og tilsæt ¾ kop kokosvand. Blend indtil glat. Server straks.

37. Tropisk Quinoa Smoothie

Giver 1 smoothie

ingredienser

- ¼ kop (45 g) kogt quinoa

- ¼ kop (60 ml) let kokosmælk (eller mælk efter eget valg)

- ⅓ kop (50 g) frosne mangostykker ⅓ kop (45g) frosne ananasstykker ½ frossen banan

- 1 spsk usødet strimlet kokosnød

- 1 spsk kokossukker, efter smag ½ tsk vanilje

Vejbeskrivelse

a) Bland alle ingredienser i en blender, indtil det er glat. Juster konsistensen efter smag ved at tilføje mere mælk for en tyndere smoothie og is eller en smule yoghurt for en tykkere smoothie.

b) God fornøjelse!

SNACKKASSE

38. Antipasto snackboks til to

ingredienser

- 2 ounce tynde skiver prosciutto
- 2 ounce salami i terninger
- 1-ounce gouda ost, i tynde skiver
- 1-ounce parmesanost, i tynde skiver
- ¼ kop mandler
- 2 spsk grønne oliven
- 2 spsk sorte oliven

Vejbeskrivelse

a) Placer prosciutto, salami, oste, mandler og oliven i en beholder til forberedelse af måltider.

b) Dæk til og stil på køl i op til 4 dage.

39. Snackboks med bøffel-kyllingselleri

ingredienser

- 1 kop rester revet rotisserie kylling
- 2 spsk græsk yoghurt
- 2 spsk varm sauce
- ¼ tsk hvidløgspulver
- ¼ teskefuld løgpulver
- Kosher salt og friskkværnet sort peber efter smag
- 6 stilke selleri, skåret i halve
- ½ kop jordbær, skåret i skiver
- ½ kop druer
- 2 spsk smuldret blåskimmelost
- 1 spsk hakket frisk persilleblade

Vejbeskrivelse

a) Kombiner kylling, yoghurt, varm sauce, hvidløgspulver og løgpulver i en stor skål; smag til med salt og peber. Dæk til og stil på køl i op til 3 dage.

b) Fordel selleristængerne, jordbærene og druerne i måltidsbeholdere.

40. Kylling og hummus bistroboks

ingredienser

- 1 pund udbenet, skindfri kyllingebryst, skåret i strimler
- ½ tsk hvidløgspulver
- ¼ teskefuld løgpulver
- Kosher salt og friskkværnet sort peber efter smag
- 1 agurk, skåret i tynde skiver
- 4 mini fuldkorns pitaer
- 1 kop cherrytomater
- ½ kop hummus (hjemmelavet eller købt)

Vejbeskrivelse

a) Forvarm en grill til medium-høj varme. Krydr kyllingen med hvidløgspulver, løgpulver, salt og peber.

b) Tilføj kyllingen til grillen og steg, vend én gang, indtil den er gennemstegt og saften er klar, 5 til 6 minutter på hver side; sæt til side, indtil den er afkølet.

c) Fordel kylling, agurk, pitabrød, tomater og hummus i måltidsbeholdere. Stil på køl i op til 3 dage.

41.   Chokolade-jordbær energibid

ingredienser

- 1 kop gammeldags havregryn
- $\frac{1}{2}$ kop usødet strimlet kokosnød
- $\frac{1}{3}$ kop cashewsmør
- $\frac{1}{4}$ kop honning
- 3 spsk chiafrø
- $\frac{1}{2}$ tsk vaniljeekstrakt
- $\frac{1}{4}$ tsk kosher salt
- $\frac{3}{4}$ kop finthakkede frysetørrede jordbær
- $\frac{1}{4}$ kop mini chokolade chips

Vejbeskrivelse

a) Beklæd en bageplade med vokspapir eller bagepapir; sæt til side.

b) Puls havre og kokos i en foodprocessor, indtil blandingen ligner et groft mel, 5 til 6 bælgfrugter; overfør til en mellemstor skål.

c) Brug en træske til at røre cashewsmør, honning, chiafrø, vanilje og salt i, indtil det er godt blandet. Rør jordbær og chokoladechips i, indtil de er inkorporeret.

d) Ælt blandingen sammen og form til 15 (1-tommer) kugler, ca. 1 $\frac{1}{2}$ spsk hver. Placer på den forberedte bageplade i et enkelt lag.

e) Stil på køl, indtil den er fast, cirka 1 time. Opbevares i en lufttæt beholder i køleskabet i op til 1 uge, eller fryseren i op til 1 måned.

42.   Deli snack boks

ingredienser

- 1 stort æg
- 1½ ounce tyndt skåret kalkunbryst
- ¼ kop cherrytomater
- 1-ounce skarp cheddarost, i terninger
- 4 pita bites kiks
- 1 spsk rå mandler

Vejbeskrivelse

a) Læg ægget i en gryde og dæk med koldt vand med 1 tomme. Bring i kog og kog i 1 minut. Dæk gryden med et tætsluttende låg og fjern fra varmen; lad sidde i 8 til 10 minutter. Dræn godt af og lad afkøle, inden du skræller.

b) Placer kalkun, æg, tomater, ost, kiks og mandler i en beholder til forberedelse af måltider. Denne kan opbevares i køleskabet i op til 3 dage.

43.   Pizza snackables

ingredienser

- 4 pita bites kiks
- 2 spsk revet fedtfattig mozzarellaost
- 2 spsk pizzasauce
- 2 spsk mandler
- 1 spsk mini pepperoni
- $\frac{1}{4}$ kop druer

Vejbeskrivelse

a) Placer kiks, ost, pizzasauce, mandler, pepperoni og druer i en beholder til forberedelse af måltider.

b) Stil på køl i op til 3 dage.

44. Græsk kikærtekraftsalat

ingredienser

Oregano-hvidløg vinaigrette

- ¼ kop ekstra jomfru olivenolie
- 3 spsk rødvinseddike
- 2 tsk tørret oregano
- 1 ½ tsk fuldkornssennep
- 1 fed hvidløg, presset
- ¼ tsk sukker (valgfrit)
- Kosher salt og friskkværnet sort peber efter smag

Salat

- 1 (15-ounce) dåse garbanzobønner, skyllet og drænet
- 1 pint druetomater, halveret
- 1 gul peberfrugt i tern
- 1 orange peberfrugt i tern
- 2 persiske agurker, halveret på langs og skåret i tynde skiver
- 1 kop hakket frisk persilleblade
- ⅓ kop rødløg i tern

- 1 (4-ounce) beholder fetaost, smuldret

Vejbeskrivelse

a) TIL VINAIGRETEN: I en lille skål piskes olivenolie, eddike, oregano, sennep, hvidløg og sukker sammen; smag til med salt og peber. Holder sig tildækket i køleskabet i 3 til 4 dage.

b) Kombiner garbanzo bønner, tomater, peberfrugt, agurker, persille, løg og ost i en stor skål. Opdeles i måltidsbeholdere. Holder sig tildækket i køleskabet i 3 til 4 dage.

c) Til servering hældes vinaigrette på salaten og røres forsigtigt sammen.

45.   Snackboks med grønkålschips

ingredienser

Grønkålschips

- 1 bundt grønkål, stilke og tykke ribben fjernet
- 2 spsk olivenolie
- 1 fed hvidløg, presset
- Kosher salt og friskkværnet sort peber efter smag

Sprøde garbanzo bønner

- 1 (16-ounce) dåse garbanzobønner, drænet og skyllet
- 1½ spsk olivenolie
- 1 ½ tsk chili lime krydderi
- 1 kop jordbær, skåret i skiver
- 1 kop druer
- 4 mandariner, skrællet og segmenteret

Vejbeskrivelse

a) Forvarm ovnen til 375 grader F. Smør en bageplade let eller belæg den med nonstick-spray.

b) TIL GRØNÅÅKÅLCHIPENE: Læg grønkålen på den forberedte bageplade. Tilsæt olivenolie og hvidløg, og smag til med salt og peber. Vend forsigtigt for at kombinere og arrangere i et enkelt lag. Bages i 10 til 13 minutter, eller indtil de er sprøde; lad køle helt af. Sæt til side.

c) TIL DE CROSPIGE BØNNER: Brug et rent køkkenrulle eller køkkenrulle til at tørre garbanzobønnerne grundigt. Fjern og kassér skind. Læg garbanzoerne i et enkelt lag på bagepladen og bag dem i 20 minutter. Tilsæt olivenolie og chili lime krydderi og vend forsigtigt sammen. Bages til de er sprøde og tørre, yderligere 15 til 17 minutter.

d) Sluk for ovnen og åbn lågen lidt; afkøles helt i ovnen i 1 time.

e) Placer jordbær, druer og mandariner i måltidsbeholdere. Holder sig tildækket i køleskabet i 3 til 4 dage. Grønkålschips og garbanzos skal opbevares separat i ziplock-poser ved stuetemperatur for at holde dem pæne og sprøde.

48. Mini græskar protein donuts

ingredienser

- 1 kop hvidt fuldkornshvedemel
- ½ kop vanilje valleproteinpulver
- ⅓ kop fast pakket lys brun farin
- 1½ tsk bagepulver
- 1 tsk græskartærtekrydderi
- ¼ tsk kosher salt
- 1 kop dåse græskarpuré
- 3 spsk usaltet smør, smeltet
- 2 store æggehvider
- 2 spsk 2% mælk
- 1 tsk stødt kanel
- ⅓ kop granuleret sukker
- 2 spsk usaltet smør, smeltet

Vejbeskrivelse

a) Forvarm ovnen til 350 grader F. Beklæd kopperne på doughnutpanden med nonstick-spray.

b) I en stor skål kombineres mel, proteinpulver, brun farin, bagepulver, græskartærtekrydderi og salt.

c) I en stor glasmålekop eller en anden skål piskes græskar, smør, æggehvider og mælk sammen.

d) Hæld den våde blanding over de tørre ingredienser og rør ved hjælp af en gummispatel, indtil den er fugtig.

e) Hæld dejen jævnt ned i doughnut-panden. Bages i 8 til 10 minutter, indtil donuts er let brunede og springer tilbage, når de berøres. Afkøl i 5 minutter.

f) Bland kanel og sukker i en lille skål. Dyp hver donut i det smeltede smør og derefter i kanelsukkeret.

g) Serveres lun eller ved stuetemperatur. Opbevares i en lufttæt beholder i op til 5 dage.

49. Regnbuehummus veggie-nålehjul

ingredienser

- 2 spsk hummus
- 1 (8-tommer) spinat-tortilla
- $\frac{1}{4}$ kop tyndt skåret rød peberfrugt
- $\frac{1}{4}$ kop tyndt skåret gul peberfrugt
- $\frac{1}{4}$ kop tyndt skåret gulerod
- $\frac{1}{4}$ kop agurk i tynde skiver
- $\frac{1}{4}$ kop babyspinat
- $\frac{1}{4}$ kop revet rødkål
- $\frac{1}{4}$ kop lucernespirer
- $\frac{1}{2}$ kop jordbær
- $\frac{1}{2}$ kop blåbær

Vejbeskrivelse

a) Fordel hummusen over overfladen af tortillaen i et jævnt lag, efterlad en ¼-tommers kant. Placer peberfrugt, gulerod, agurk, spinat, kål og spirer i midten af tortillaen.

b) Bring den nederste kant af tortillaen tæt over grøntsagerne, fold i siderne. Fortsæt med at rulle indtil toppen af tortillaen er nået. Skær i sjettedele.

c) Placer nålehjul, jordbær og blåbær i en beholder til måltidsforberedelse. Stil på køl i 3 til 4 dage.

50. Salsa snack boks

ingredienser

- ¾ kop jordbær i tern

- ¾ kop mango i tern

- 1 jalapeño, frøet og hakket

- 2 spsk rødløg i tern

- 2 spsk hakkede friske korianderblade

- 2 teskefulde honning

- Saft af 1 lime

- 2 kopper tortillachips

- 1 rød peberfrugt, skåret i tynde skiver

- 1 appelsin peberfrugt, skåret i tynde skiver

- 1 jicama, skrællet og skåret i tykke tændstik

- 1 ananas, skåret i tern

Vejbeskrivelse

a) I en stor skål kombineres jordbær, mango, jalapeño, løg, koriander, honning og limesaft.

b) Fordel tortillachipsene i ziplock-poser. Fordel salsa, peberfrugter, jicama og ananas i måltidsbeholdere. Holder sig i køleskabet 3 til 4 dage.

51. Hjemmelavet hummus

Giver omkring 2 kopper

ingredienser

- 115 oz. dåse (425 g) kikærter, drænet/skyllet (reservevæske)

- ¼ kop (60 ml) af kikærtedåsen væske (eller undervand)

- 1 spsk hakket hvidløg

- 1 spsk tahini

- 1½ spsk citronsaft

- ½ tsk spidskommen

- ¼ tsk salt

- ¼ tsk paprika

- ⅛ teskefulde cayenne, efter smag

- ⅛ teskefulde peber efter smag

Vejbeskrivelse

a) Kom alle ingredienser i en foodprocessor.

b) Skrab siderne halvvejs ned og smag til med krydderier.

52. Trail Mix

Giver omkring 2 kopper

ingredienser

- 1 kop (15 g) poppede popcorn
- ¼ kop (40 g) ristede jordnødder
- ¼ kop (40 g) ristede mandler
- ¼ kop (40 g) græskarkerner
- ¼ kop (35 g) tørrede blåbær, uden tilsat sukker
- 2 spsk mørk chokoladechips (valgfrit)
- knivspids kanel (valgfrit)
- knivspids salt

Vejbeskrivelse

a) Bland alle ingredienser sammen, juster kanel og salt efter smag, hvis det ønskes.

b) Opbevares i en lufttæt beholder.

c) Holder op til 2 uger i spisekammeret.

53. Oliefri pesto

Giver omkring 2 kopper

ingredienser

- 1 ½ kop (60 g) frisk basilikum
- 1 ½ kop (60 g) frisk spinat
- 115 oz. (425g) dåse hvide bønner, drænet/skyllet
- 2 spsk valnødder
- 2 spsk citronsaft
- 1 tsk hvidløg
- salt og peber efter smag

Vejbeskrivelse

a) Kom alle ingredienser i en foodprocessor og kør indtil den er godt blandet og den ønskede konsistens er nået.

b) Stil på køl efter fremstilling.

c) Holder sig 1-2 uger i køleskabet.

54. Æggemuffins

Udbytte omkring 12

ingredienser

- 3-4 kopper (540-720 g) blandede grøntsager i tern

- 2 kopper (480 g) æggehvider/erstatning (eller æg), krydret med salt og peber

Vejbeskrivelse

a) Forvarm ovnen til 375F (190C).

b) Fordel blandede grøntsager efter eget valg i en sprøjtet muffinform, fyld ca. ½ måde.

c) Hæld æg i dåser, fyld ⅔ vej til toppen.

d) Bages i cirka 15 minutter, indtil de er helt sat.

e) Nyd varmt eller køligt og nyd koldt! Disse er også gode genopvarmede.

f) Holder sig cirka 3 dage i køleskabet, eller 2-3 måneder i fryseren.

55. Tofu bider

Giver 4 portioner

ingredienser

- 114 oz. (400g) pakke ekstra fast tofu
- madlavningsspray
- salt og peber
- ekstra krydderier

Vejbeskrivelse

a) Forvarm ovnen til 400F (200C).

b) Skær den pressede tofu i tern eller strimler, som du foretrækker.

c) Vend let med lidt madlavningsspray og krydderier efter smag. Overfør til en bageplade beklædt med bagepapir.

d) Bag i cirka 45 minutter, vend halvvejs.

56. Kyllingesalat

Giver 1 portion

ingredienser

- 4 oz. (115 g) kyllingebryst, strimlet eller i tern
- 2 spsk græsk yoghurt
- 1 tsk dijonsennep
- 1 tsk gul sennep
- 2 spsk grønne løg
- 3 spiseskefulde druer, halveret eller i kvarte
- 3 spsk hakket selleri
- 2 spiseskefulde hakkede valnødder eller pekannødder
- 1 tsk estragon
- salt og peber efter smag

Vejbeskrivelse

a) Bland alle ingredienser sammen.

b) Chill og nyd! Holder sig cirka 5 dage i køleskabet.

57. Tex-Mex Quinoa

Giver 12 portioner

ingredienser

- 1 kop (180 g) ukogt quinoa, skyllet
- 1 lb. (450 g) ekstra magert malet kalkunbryst
- 115 oz. dåse (425g) sorte bønner, drænet/skyllet
- 115 oz. dåse (425g) sukkermajs, drænet/skyllet
- 110 oz. dåse (285 g) tomater i tern og grøn chili
- 110 oz. dåse (285g) rød enchiladasauce
- 1 ½ kop (350 ml) kylling/grøntsagsbouillon eller vand
- 1 grøn peberfrugt, hakket ½ kop (80 g) hakket løg 2 jalapeños, frøet
- 1 spsk hakket hvidløg
- 2 spsk tacokrydderi

Vejbeskrivelse

a) Tilføj alt til slow cookeren. Rør godt sammen.

b) Skru varmen til lav. Lad koge i 6-8 timer, langsomt og lavt. Rør en eller to gange under hele tilberedningstiden. (Kog ved høj temperatur i 4 timer, hvis du er i tidsnød).

c) Server med græsk yoghurt som cremefraiche-erstatning, salsa og avocado eller guacamole.

58. Forberedelse af tunsalatmåltid

ingredienser

- 2 store æg
- 2 (5-ounce) dåser tun i vand, drænet og flaget
- ½ kop fedtfri græsk yoghurt
- ¼ kop selleri i tern
- ¼ kop rødløg i tern
- 1 spsk dijonsennep
- 1 spiseskefuld sød pickle relish (valgfrit)
- 1 tsk friskpresset citronsaft, eller mere efter smag
- ¼ tsk hvidløgspulver
- Kosher salt og friskkværnet sort peber efter smag
- 4 Bibb-salatblade
- ½ kop rå mandler
- 1 agurk, skåret i skiver
- 1 æble, skåret i skiver

Vejbeskrivelse

a) Læg æggene i en stor gryde og dæk med koldt vand med 1 tomme. Bring i kog og kog i 1 minut. Dæk gryden med et tætsluttende låg og tag af varmen; lad sidde i 8 til 10 minutter. Dræn godt af og lad afkøle, inden du skræller og halverer.

b) I en mellemstor skål kombineres tun, yoghurt, selleri, løg, sennep, relish, citronsaft og hvidløgspulver; smag til med salt og peber.

c) Fordel salatblade i måltidsbeholdere. Top med tunblanding, og tilsæt æg, mandler, agurk og æble til siden. Holder sig i køleskabet 3 til 4 dage.

VARM FROKOST

59. Kylling burrito skåle

ingredienser

Chipotle flødesauce

- ½ kop fedtfri græsk yoghurt
- 1 chipotle peber i adobo sauce, hakket eller mere efter smag
- 1 fed hvidløg, hakket
- 1 spsk friskpresset limesaft

Burrito skål

- ⅔ kop brune ris
- 1 spsk olivenolie
- 1-pund stødt kylling
- ½ tsk chilipulver
- ½ tsk hvidløgspulver
- ½ tsk stødt spidskommen
- ½ tsk tørret oregano
- ¼ teskefuld løgpulver
- ¼ tsk paprika
- Kosher salt og friskkværnet sort peber efter smag

- 1 (15-ounce) dåse sorte bønner, drænet og skyllet
- 1 ¾ kopper majskerner (frosne, dåse eller ristede)
- ½ kop pico de gallo (hjemmelavet eller købt i butikken)

Vejbeskrivelse

a) TIL CHIPOTLE-FLØDESAUCEN: Pisk yoghurt, chipotlepeber, hvidløg og limesaft sammen. Dæk til og stil på køl i op til 3 dage.

b) Kog risene efter pakkens anvisninger i en stor gryde med 2 kopper vand; sæt til side.

c) Opvarm olivenolien i en stor gryde eller hollandsk ovn over medium-høj varme. Tilsæt den malede kylling, chilipulver, hvidløgspulver, spidskommen, oregano, løgpulver og paprika; smag til med salt og peber. Kog indtil kyllingen er brunet, 3 til 5 minutter, og sørg for at smuldre kyllingen, mens den tilberedes; dræn overskydende fad.

d) Fordel ris i måltidsbeholdere. Top med malet kyllingeblanding, sorte bønner, majs og pico de gallo. Holder sig tildækket i køleskabet i 3 til 4 dage. Dryp med chipotle-flødesauce. Pynt med koriander og limebåd, hvis det ønskes, og server. Genopvarm i mikrobølgeovnen i 30 sekunders intervaller, indtil den er gennemvarmet.

60.Kylling tikka masala

ingredienser

- 1 kop basmatiris
- 2 spsk usaltet smør
- 1 ½ pund udbenet, skindfri kyllingebryst, skåret i 1-tommers stykker
- Kosher salt og friskkværnet sort peber efter smag
- 1 løg, i tern
- 2 spsk tomatpure
- 1 spsk friskrevet ingefær
- 3 fed hvidløg, hakket
- 2 tsk garam masala
- 2 tsk chilipulver
- 2 tsk stødt gurkemeje
- 1 (28-ounce) dåse tomater i tern
- 1 kop hønsefond
- ⅓ kop tung fløde
- 1 spsk frisk citronsaft
- ¼ kop hakkede friske korianderblade (valgfrit)

- 1 citron, skåret i tern (valgfrit)

Vejbeskrivelse

a) Kog risene efter pakkens anvisninger i en stor gryde med 2 kopper vand; sæt til side.

b) Smelt smørret i en stor gryde ved middel varme. Krydr kyllingen med salt og peber. Tilsæt kyllingen og løget til gryden og steg, omrør lejlighedsvis, indtil de er gyldne, 4 til 5 minutter. Rør tomatpuré, ingefær, hvidløg, garam masala, chilipulver og gurkemeje i, og kog indtil godt blandet, 1 til 2 minutter. Rør de hakkede tomater og hønsefond i. Bring i kog; reducer varmen og lad det simre under omrøring af og til, indtil det er let tyknet, cirka 10 minutter.

c) Rør fløde, citronsaft og kylling i, og kog indtil det er gennemvarmet, cirka 1 minut.

d) Placer ris- og kyllingblandingen i måltidsbeholdere. Pynt med koriander og citronskive, hvis det ønskes, og server. Holder sig tildækket i køleskabet i 3 til 4 dage. Genopvarm i mikrobølgeovnen i 30 sekunders intervaller, indtil den er gennemvarmet.

61. Græske kyllingeskåle

ingredienser

Kylling og ris

- 1 pund udbenet, skindfri kyllingebryst
- ¼ kop plus 2 spsk olivenolie, delt
- 3 fed hvidløg, hakket
- Saft af 1 citron
- 1 spsk rødvinseddike
- 1 spsk tørret oregano
- Kosher salt og friskkværnet sort peber efter smag
- ¾ kop brune ris

Agurkesalat

- 2 engelske agurker, skrællet og skåret i skiver
- ½ kop rødløg i tynde skiver
- Saft af 1 citron
- 2 spsk ekstra jomfru olivenolie
- 1 spsk rødvinseddike
- 2 fed hvidløg, presset

- ½ tsk tørret oregano

Tzatziki sauce

- 1 kop græsk yoghurt
- 1 engelsk agurk, fint skåret
- 2 fed hvidløg, presset
- 1 spsk hakket frisk dild
- 1 tsk revet citronskal
- 1 spsk friskpresset citronsaft
- 1 tsk hakket frisk mynte (valgfrit)
- Kosher salt og friskkværnet sort peber efter smag
- 2 spsk ekstra jomfru olivenolie
- 1½ pund cherrytomater, halveret

Vejbeskrivelse

a) TIL KYLLINGEN: Kombiner kyllingen, ¼ kop olivenolie, hvidløg, citronsaft, eddike og oregano i en ziplock-pose i gallonstørrelse; smag til med salt og peber. Mariner kyllingen i køleskabet i mindst 20 minutter eller op til 1 time, vend posen af og til. Dræn kyllingen og kassér marinaden.

b) Opvarm de resterende 2 spsk olivenolie i en stor stegepande over medium-høj varme. Tilsæt kyllingen og steg, vend én gang, indtil den er gennemstegt, 3 til 4 minutter på hver side. Lad afkøle, inden du skærer dem i mundrette stykker.

c) Kog risene i en stor gryde med 2 kopper vand efter anvisningen på pakken.

d) Fordel ris og kylling i måltidsbeholdere. Holder sig tildækket i køleskabet i op til 3 dage.

e) TIL AGURKSALAT: Kom agurker, løg, citronsaft, olivenolie, eddike, hvidløg og oregano i en lille skål. Dæk til og stil på køl i op til 3 dage.

f) TIL TZATZIKISAUCEN: Kom yoghurt, agurk, hvidløg, dild, citronskal og saft og mynte (hvis du bruger) i en lille skål. Smag til med salt og peber og dryp med olivenolie. Dæk til og stil på køl i mindst 10 minutter, så smagene smelter sammen. Kan opbevares på køl 3 til 4 dage.

g) For at servere skal du genopvarme ris og kylling i mikrobølgeovnen i 30 sekunders intervaller, indtil de er gennemvarme. Top med agurkesalat, tomater og Tzatziki sauce og server.

62.Koreansk måltid tilberedt oksekød skåle

ingredienser

- ⅔ kop hvide eller brune ris
- 4 mellemstore æg
- 1 spsk olivenolie
- 2 fed hvidløg, hakket
- 4 kopper hakket spinat

koreansk oksekød

- 3 spsk pakket brun farin
- 3 spiseskefulde sojasovs med reduceret natrium
- 1 spsk friskrevet ingefær
- 1½ tsk sesamolie
- ½ tsk sriracha (valgfrit)
- 2 tsk olivenolie
- 2 fed hvidløg, hakket
- 1 pund hakket oksekød
- 2 grønne løg, skåret i tynde skiver (valgfrit)
- ¼ tsk sesamfrø (valgfrit)

Vejbeskrivelse

a) Kog risene efter pakkens anvisninger; sæt til side.

b) Læg æggene i en stor gryde og dæk med koldt vand med 1 tomme. Bring i kog og kog i 1 minut. Dæk gryden med et tætsluttende låg og tag af varmen; lad sidde i 8 til 10 minutter. Dræn godt af og lad afkøle, inden du skræller og skærer i halve.

c) Varm olivenolien op i en stor stegepande ved middelhøj varme. Tilsæt hvidløg og kog under jævnlig omrøring, indtil dufter, 1 til 2 minutter. Rør spinaten i og kog indtil den er visnet, 2 til 3 minutter; sæt til side.

d) Til oksekødet: I en lille skål piskes brun farin, sojasauce, ingefær, sesamolie og sriracha sammen, hvis du bruger det.

e) Varm olivenolien op i en stor stegepande ved middelhøj varme. Tilsæt hvidløg og steg under konstant omrøring, indtil det dufter, cirka 1 minut. Tilsæt hakket oksekød og kog indtil brunet, 3 til 5 minutter, og sørg for at smuldre oksekødet, mens det koger; dræn overskydende fad. Rør sojasovsblandingen og de grønne løg i, indtil de er godt blandet, og lad dem simre, indtil de er gennemvarme, cirka 2 minutter.

f) Placer ris, æg, spinat og hakkebøf blandingen i måltidsforberedelsesbeholdere og pynt med grønne løg og sesamfrø, hvis det ønskes. Holder sig tildækket i køleskabet i 3 til 4 dage.

g) Genopvarm i mikrobølgeovnen i 30 sekunders intervaller, indtil den er gennemvarmet.

63. Mason jar kylling og ramen suppe

ingredienser

- 2 (5,6 ounce) pakker nedkølede yakisoba nudler

- 2 ½ spsk reduceret natrium vegetabilsk bouillon base koncentrat (vi kan lide bedre end bouillon)

- 1 ½ spsk sojasovs med reduceret natrium

- 1 spsk risvinseddike

- 1 spsk friskrevet ingefær

- 2 tsk sambal oelek (kværnet frisk chilipasta) eller mere efter smag

- 2 tsk sesamolie

- 2 kopper rester af revet rotisserie kylling

- 3 kopper babyspinat

- 2 gulerødder, skrællet og revet

- 1 kop shiitakesvampe i skiver

- ½ kop friske korianderblade

- 2 grønne løg, skåret i tynde skiver

- 1 tsk sesamfrø

Vejbeskrivelse

a) Kog yakisobaen i en stor gryde med kogende vand, indtil den er løsnet, 1 til 2 minutter; dræn godt af.

b) Kombiner bouillonbasen, sojasovsen, eddike, ingefær, sambal oelek og sesamolie i en lille skål.

c) Fordel bouillonblandingen i 4 (24-ounce) bredmundede glaskrukker med låg eller andre varmebestandige beholdere. Top med yakisoba, kylling, spinat, gulerødder, champignon, koriander, grønne løg og sesamfrø. Dæk til og stil på køl i op til 4 dage.

d) For at servere, afdæk en krukke og tilsæt nok varmt vand til at dække indholdet, ca. 1 ¼ kopper. Mikrobølgeovn, afdækket, indtil den er opvarmet, 2 til 3 minutter. Lad stå i 5 minutter, rør for at kombinere, og server straks.

64. Mason krukke Bolognese

ingredienser

- 2 spsk olivenolie
- 1-pund hakket oksekød
- 1 pund italiensk pølse, tarme fjernet
- 1 løg, hakket
- 4 fed hvidløg, hakket
- 3 (14,5 ounce) dåser hakkede tomater, drænet
- 2 (15-ounce) dåser tomatsauce
- 3 laurbærblade
- 1 tsk tørret oregano
- 1 tsk tørret basilikum
- ½ tsk tørret timian
- 1 tsk kosher salt
- ½ tsk friskkværnet sort peber
- 2 (16 ounce) pakker fedtfattig mozzarellaost, i tern
- 32 ounce ubehandlet fuldkornsfusilli, kogt i henhold til pakkens instruktioner; omkring 16 kopper kogt

Vejbeskrivelse

a) Varm olivenolien op i en stor stegepande ved middelhøj varme. Tilsæt hakkebøffer, pølse, løg og hvidløg. Kog indtil brunet, 5 til 7 minutter, og sørg for at smuldre oksekødet og pølsen, mens det tilberedes; dræn overskydende fad.

b) Overfør hakkebøfblandingen til en 6-quart langsom komfur. Rør tomater, tomatsauce, laurbærblade, oregano, basilikum, timian, salt og peber i. Dæk til og kog ved svag varme i 7 timer og 45 minutter. Tag låget af og drej slowcookeren til høj. Fortsæt med at koge i 15 minutter, indtil saucen er tyknet. Kassér laurbærbladene og lad saucen køle helt af.

c) Fordel saucen i 16 (24-ounce) bredmundede glaskrukker med låg eller andre varmebestandige beholdere. Top med mozzarella og fusilli. Stil på køl i op til 4 dage.

d) For at servere, mikroovn, afdækket, indtil det er opvarmet, cirka 2 minutter. Rør for at kombinere.

65. Mason jar lasagne

ingredienser

- 3 lasagne nudler
- 1 spsk olivenolie
- ½ pund stødt mørbrad
- 1 løg, i tern
- 2 fed hvidløg, hakket
- 3 spsk tomatpure
- 1 tsk italiensk krydderi
- 2 (14,5 ounce) dåser hakkede tomater
- 1 mellemstor zucchini, revet
- 1 stor gulerod, revet
- 2 kopper strimlet babyspinat
- Kosher salt og friskkværnet sort peber efter smag
- 1 kop skummet ricottaost
- 1 kop revet mozzarellaost, delt
- 2 spsk hakkede friske basilikumblade

Vejbeskrivelse

a) I en stor gryde med kogende saltet vand koges pastaen efter pakkens anvisninger; dræn godt af. Skær hver nudel i 4 stykker; sæt til side.

b) Opvarm olivenolien i en stor stegepande eller hollandsk ovn over medium-høj varme. Tilsæt den malede mørbrad og løg og kog indtil brunet, 3 til 5 minutter, og sørg for at smuldre oksekødet, mens det koger; dræn overskydende fad.

c) Rør hvidløg, tomatpuré og italiensk krydderi i, og kog indtil dufter, 1 til 2 minutter. Rør tomaterne i, reducer varmen, og lad dem simre, indtil de er lidt tykkere, 5 til 6 minutter. Rør zucchini, gulerod og spinat i og kog under jævnlig omrøring, indtil de er møre, 2 til 3 minutter. Smag til med salt og peber efter smag. Sæt sauce til side.

d) Kombiner ricottaen, $\frac{1}{2}$ kop mozzarella og basilikum i en lille skål; smag til med salt og peber

e) Forvarm ovnen til 375 grader F. Olie let 4 (16-ounce) glaskrukker med bred mund og låg eller andre ovnsikre beholdere, eller overtræk med nonstick-spray.

f) Læg 1 pastastykke i hver krukke. Fordel en tredjedel af saucen i glassene. Gentag med et andet lag pasta og sauce. Top med ricottablanding, resterende pasta og resterende sauce. Drys med den resterende $\frac{1}{2}$ kop mozzarellaost.

g) Sæt glassene på en bageplade. Placer i ovnen og bag indtil boblende, 25 til 30 minutter; helt cool. Stil på køl i op til 4 dage.

66. Miso ingefær detox suppe

ingredienser

- 2 tsk ristet sesamolie
- 2 tsk rapsolie
- 3 fed hvidløg, hakket
- 1 spsk friskrevet ingefær
- 6 dl grøntsagsfond
- 1 plade kombu, skåret i små stykker
- 4 tsk hvid misopasta
- 1 (3,5 ounce) pakke shiitakesvampe, skåret i skiver (ca. 2 kopper)
- 8 ounce fast tofu, i terninger
- 5 baby bok choy, hakket
- ¼ kop hakkede grønne løg

Vejbeskrivelse

a) Opvarm sesamolie og rapsolie i en stor gryde eller hollandsk ovn over medium varme. Tilsæt hvidløg og ingefær og kog under jævnlig omrøring, indtil dufter, 1 til 2 minutter. Rør bouillon, kombu og misopasta i og bring det i kog. Dæk til, reducer varmen og lad det simre i 10 minutter. Rør svampene i og kog indtil de er møre, cirka 5 minutter.

b) Rør tofu og bok choy i, og kog indtil tofuen er gennemvarmet, og bok choyen er lige mør, cirka 2 minutter. Rør de grønne løg i. Server straks.

c) Eller lad bouillonen køle helt af i slutningen af trin 1 for at forberede i god tid. Rør derefter tofu, bok choy og grønne løg i. Fordel i lufttætte beholdere, dæk til og stil på køl i op til 3 dage. For at genopvarme skal du sætte den i mikrobølgeovnen i 30 sekunders intervaller, indtil den er gennemvarmet.

67. Fyldte søde kartofler

UDBYTTE: 4 SERVERINGER

ingredienser

- 4 mellemstore søde kartofler

Vejbeskrivelse

a) Forvarm ovnen til 400 grader F. Beklæd en bageplade med bagepapir eller aluminiumsfolie.

b) Læg de søde kartofler i et enkelt lag på den forberedte bageplade. Bages indtil gaffelmøre, cirka 1 time og 10 minutter.

c) Lad hvile indtil køligt nok til at håndtere.

68. Koreanske kylling fyldte kartofler

ingredienser

- ½ kop krydret risvinseddike

- 1 spsk sukker

- Kosher salt og friskkværnet sort peber efter smag

- 1 kop tændstik gulerødder

- 1 stor skalotteløg, skåret i skiver

- ¼ tsk knuste røde peberflager

- 2 tsk sesamolie

- 1 (10-ounce) pakke frisk spinat

- 2 fed hvidløg, hakket

- 4 ristede søde kartofler (her)

- 2 kopper krydret koreansk sesamkylling (her)

Vejbeskrivelse

a) I en lille gryde kombineres eddike, sukker, 1 tsk salt og ¼ kop vand. Bring i kog ved middel varme. Rør gulerødder, skalotteløg og rød peberflager i. Fjern fra varmen og lad stå i 30 minutter.

b) Opvarm sesamolien i en stor gryde ved middel varme. Rør spinat og hvidløg i og kog indtil spinaten er visnet, 2 til 4 minutter. Smag til med salt og peber efter smag.

c) Halver kartoflerne på langs og krydr med salt og peber. Top med kylling, gulerodsblandingen og spinat.

d) Fordel de søde kartofler i måltidsbeholdere. Stil på køl i op til 3 dage. Genopvarm i mikrobølgeovnen i 30 sekunders intervaller, indtil den er gennemvarmet.

69. Grønkål og rød peber fyldte kartofler

ingredienser

- 1 spsk olivenolie
- 2 fed hvidløg, hakket
- 1 sødt løg i tern
- 1 tsk røget paprika
- 1 rød peberfrugt, skåret i tynde skiver
- 1 bundt grønkål, stilke fjernet og blade hakket
- Kosher salt og friskkværnet sort peber efter smag
- 4 ristede søde kartofler
- ½ kop smuldret fedtfattig fetaost

Vejbeskrivelse

a) Varm olivenolien op i en stor gryde ved middel varme. Tilsæt hvidløg og løg og steg under jævnlig omrøring, indtil løget er gennemsigtigt, 2 til 3 minutter. Rør paprikaen i og kog indtil dufter, cirka 30 sekunder.

b) Rør peberfrugten i og kog indtil den er sprød, cirka 2 minutter. Rør grønkålen i, en håndfuld ad gangen, og kog indtil den er lysegrøn og lige visnet, 3 til 4 minutter.

c) Halver kartoflerne og krydr med salt og peber. Top med grønkålsblandingen og feta.

d) Fordel de søde kartofler i måltidsbeholdere.

70. Sennep Kylling fyldte kartofler

ingredienser

- 1 spsk olivenolie

- 2 kopper skåret friske grønne bønner

- 1 ½ dl i kvarte cremini-svampe

- 1 skalotteløg, hakket

- 1 fed hvidløg, hakket

- 2 spsk hakket frisk persilleblade

- Kosher salt og friskkværnet sort peber efter smag

- 4 ristede søde kartofler (her)

- 2 kopper honning sennep kylling (her)

Vejbeskrivelse

a) Varm olivenolien op i en stor gryde ved middel varme. Tilsæt grønne bønner, svampe og skalotteløg og kog under jævnlig omrøring, indtil de grønne bønner er sprøde, møre, 5 til 6 minutter. Rør hvidløg og persille i og kog indtil dufter, cirka 1 minut. Smag til med salt og peber efter smag.

b) Halver kartoflerne på langs og krydr med salt og peber. Top med grønne bønneblandingen og kylling.

c) Fordel de søde kartofler i måltidsbeholdere. Stil på køl i op til 3 dage. Genopvarm i mikrobølgeovnen i 30 sekunders intervaller, indtil den er gennemvarmet.

71. Sorte bønner og Pico de Gallo fyldte kartofler

ingredienser

Sorte bønner

- 1 spsk olivenolie
- ½ sødt løg i tern
- 1 fed hvidløg, hakket
- 1 tsk chilipulver
- ½ tsk stødt spidskommen
- 1 (15,5 ounce) dåse sorte bønner, skyllet og drænet
- 1 tsk æblecidereddike
- Kosher salt og friskkværnet sort peber efter smag

Pico de gallo

- 2 blommetomater i tern
- ½ sødt løg i tern
- 1 jalapeño, frøet og hakket
- 3 spsk hakkede friske korianderblade
- 1 spsk friskpresset limesaft
- Kosher salt og friskkværnet sort peber efter smag

- 4 ristede søde kartofler (her)
- 1 avocado, halveret, udstenet, skrællet og skåret i tern
- ¼ kop let creme fraiche

Vejbeskrivelse

a) TIL BØNNERNE: Varm olivenolien op i en medium gryde ved middel varme. Tilsæt løget og kog, omrør ofte, indtil det er gennemsigtigt, 2 til 3 minutter. Rør hvidløg, chilipulver og spidskommen i, og kog indtil dufter, cirka 1 minut.

b) Rør bønnerne og ⅔ kop vand i. Bring det i kog, reducer varmen og kog indtil det er reduceret, 10 til 15 minutter. Brug en kartoffelmoser til at mos bønnerne, indtil glat og ønsket konsistens er nået. Rør eddike i og smag til med salt og peber.

c) TIL PICO DE GALLO: Kombiner tomater, løg, jalapeño, koriander og limesaft i en mellemstor skål. Smag til med salt og peber efter smag.

d) Halver kartoflerne på langs og krydr med salt og peber. Top med sorte bønneblandingen og pico de gallo.

e) Fordel de søde kartofler i måltidsbeholdere. Stil på køl i op til 3 dage. Genopvarm i mikrobølgeovnen i 30 sekunders intervaller, indtil den er gennemvarmet.

72. Zucchininudler med kalkunfrikadeller

ingredienser

- 1-pund malet kalkun
- ⅓ kop panko
- 3 spsk friskrevet parmesan
- 2 store æggeblommer
- ¾ tsk tørret oregano
- ¾ tsk tørret basilikum
- ½ tsk tørret persille
- ¼ tsk hvidløgspulver
- ¼ tsk knuste røde peberflager
- Kosher salt og friskkværnet sort peber efter smag
- 2 pund (3 medium) zucchini, spiraliseret
- 2 tsk kosher salt
- 2 kopper marinara sauce (hjemmelavet eller købt i butikken)
- ¼ kop friskrevet parmesanost

Vejbeskrivelse

a) Forvarm ovnen til 400 grader F. Olie let en 9x13-tommer bradepande eller overtræk med nonstick-spray.

b) I en stor skål kombineres den malede kalkun, panko, parmesan, æggeblommer, oregano, basilikum, persille, hvidløgspulver og rød peberflager; smag til med salt og peber. Brug en træske eller rene hænder til at blande, indtil det er godt blandet. Rul blandingen til 16 til 20 frikadeller, hver 1 til 1 ½ tommer i diameter.

c) Læg frikadellerne i den tilberedte ovnfad og bag dem i 15 til 18 minutter, indtil de er brune over det hele og gennemstegte; sæt til side.

d) Læg zucchinien i et dørslag over vasken. Tilsæt saltet og vend forsigtigt for at kombinere; lad sidde i 10 minutter. I en stor gryde med kogende vand, kog zucchinien i 30 sekunder til 1 minut; dræn godt af.

e) Fordel zucchinien i måltidsbeholdere. Top med frikadeller, marinara sauce og parmesan. Holder sig tildækket i køleskabet i 3 til 4 dage. Genopvarm i mikrobølgeovnen, utildækket, i 30-sekunders intervaller, indtil den er gennemvarmet.

73. Nemme frikadeller

Giver omkring 18 frikadeller

ingredienser

- 20 oz. (600 g) ekstra magert malet kalkunbryst
- ½ kop (40 g) havremel
- 1 æg
- 2 kopper (80 g) spinat, hakket (valgfrit)
- 1 tsk hvidløgspulver
- ¾ teskefulde salt
- ½ tsk peber

Vejbeskrivelse

a) Forvarm ovnen til 350F (180C).

b) Bland alle ingredienser i en skål.

c) Rul kødet til frikadeller på størrelse med golfbolde og overfør det til en sprøjtet 9x13" (30x20 cm) bradepande.

d) Bages i 15 minutter .

74. 3-ingrediens suppe

Giver 8 portioner

ingredienser

- 2 15 oz. (425g hver) dåser bønner (jeg bruger en dåse sorte bønner og en dåse hvide bønner), drænet/skyllet
- 115 oz. (425g) dåse tomater i tern
- 1 kop (235 ml) kylling/grøntsagsbouillon salt og peber efter smag

Vejbeskrivelse

a) Kom alle ingredienserne i en gryde ved medium-høj varme. Bring i kog.

b) Når det koger, læg låg på og skru ned til kog i 25 minutter.

c) Brug din stavblender (eller overfør til en normal blender/processor i batches) til at purere suppen til den ønskede konsistens.

d) Serveres lun med græsk yoghurt som cremefraiche-erstatning, fedtfattig cheddarost og grønt løg!

e) Holder sig op til 5 dage i køleskabet.

75. Slow Cooker Salsa Tyrkiet

Giver 6 portioner

ingredienser

- 20 oz. (600 g) ekstra magert malet kalkunbryst
- 1 15,5 oz. krukke (440 g) salsa
- salt og peber efter smag (valgfrit)

Vejbeskrivelse

a) Tilføj din malede kalkun og salsa til din slow cooker.

b) Skru varmen til lav. Lad koge i 6-8 timer, langsomt og lavt. Rør en eller to gange under hele tilberedningstiden. (Kog ved høj temperatur i 4 timer, hvis du er i tidsnød).

c) Server med ekstra kold salsa, græsk yoghurt som cremefraiche-erstatning, ost eller grønt løg!

d) Holder sig 5 dage i køleskabet, eller 3-4 måneder i fryseren.

76. Burrito-Bowl-In-A-Jar

Giver 1 Krukke

ingredienser

- 2 spsk salsa
- ¼ kop (40 g) bønner/bønnesalsa ⅓ kop (60 g) kogte ris/quinoa
- 3 oz. (85 g) kogt ekstra mager malet kalkun, kylling eller protein efter eget valg
- 2 spiseskefulde cheddarost med lavt fedtindhold
- 1 ½ kop (60 g) salat/grønt
- 1 spsk græsk yoghurt ("creme fraiche")
- ¼ avocado

Vejbeskrivelse

a) Læg alle dine ingredienser i krukken.

b) Opbevares til spisning på et senere tidspunkt.

c) Når du er klar til at spise, hæld glasset på en tallerken eller skål for at blande og fortære!

d) Holder sig 4-5 dage i køleskabet.

KOLD FROKOST

77. Carnitas skåle til forberedelse af måltider

ingredienser

- 2 ½ tsk chilipulver
- 1 ½ tsk stødt spidskommen
- 1½ tsk tørret oregano
- 1 tsk kosher salt, eller mere efter smag
- ½ tsk kværnet sort peber eller mere efter smag
- 1 (3-pund) svinekam, overskydende fedt trimmet
- 4 fed hvidløg, pillede
- 1 løg, skåret i tern
- Saft af 2 appelsiner
- Saft af 2 limefrugter
- 8 kopper strimlet grønkål
- 4 blommetomater, hakkede
- 2 (15-ounce) dåser sorte bønner, drænet og skyllet
- 4 kopper majskerner (frosne, dåse eller ristede)
- 2 avocadoer, halveret, udstenet, skrællet og skåret i tern
- 2 limefrugter, skåret i tern

Vejbeskrivelse

a) Kombiner chilipulver, spidskommen, oregano, salt og peber i en lille skål. Krydr svinekødet med krydderiblandingen, og gnid det grundigt ind på alle sider.

b) Læg svinekød, hvidløg, løg, appelsinjuice og limesaft i en langsom komfur. Dæk til og kog på lav i 8 timer, eller på høj i 4 til 5 timer.

c) Tag svinekødet ud af komfuret og riv kødet. Kom det tilbage i gryden og vend det med saften; smag til med salt og peber, evt. Dæk til og hold varm i yderligere 30 minutter.

d) Læg svinekød, grønkål, tomater, sorte bønner og majs i måltidsbeholdere. Holder sig tildækket i køleskabet i 3 til 4 dage. Server med avocado og limebåde.

78. Chicago hotdog salat

ingredienser

- 2 spsk ekstra jomfru olivenolie

- 1 ½ spsk gul sennep

- 1 spsk rødvinseddike

- 2 tsk valmuefrø

- ½ tsk sellerisalt

- Knip sukker

- Kosher salt og friskkværnet sort peber efter smag

- 1 kop quinoa

- 4 fedtfattige kalkunpølser

- 3 kopper strimlet babygrønkål

- 1 kop halverede cherrytomater

- ⅓ kop hakket hvidløg

- ¼ kop sport peberfrugt

- 8 dildsyltespyd

Vejbeskrivelse

a) AT LAVE VINAIGRETEN: Pisk olivenolie, sennep, eddike, valmuefrø, sellerisalt og sukker sammen i en mellemstor skål. Smag til med salt og peber efter smag. Dæk til og stil på køl i 3 til 4 dage.

b) Kog quinoaen efter pakkens anvisninger i en stor gryde med 2 kopper vand; sæt til side.

c) Varm en grill op til medium-høj. Tilsæt hotdogsene til grillen og steg dem gyldenbrune og let forkullede på alle sider, 4 til 5 minutter. Lad afkøle og skær i mundrette stykker.

d) Fordel quinoa, hotdogs, tomater, løg og peberfrugt i måltidsbeholdere. Holder sig på køl 3 til 4 dage.

e) Til servering hælder du dressingen oven på salaten og rører forsigtigt sammen. Server med det samme, garneret med picklespyd, hvis det ønskes.

79.Fisk taco skåle

ingredienser

Koriander lime dressing

- 1 kop løst pakket koriander, stilke fjernet
- ½ kop græsk yoghurt
- 2 fed hvidløg,
- Saft af 1 lime
- Knip kosher salt
- ¼ kop ekstra jomfru olivenolie
- 2 spsk æblecidereddike

Tilapia

- 3 spsk usaltet smør, smeltet
- 3 fed hvidløg, hakket
- Revet skal af 1 lime
- 2 spsk friskpresset limesaft, eller mere efter smag
- 4 (4-ounce) tilapiafileter
- Kosher salt og friskkværnet sort peber efter smag
- ⅔ kop quinoa

- 2 kopper strimlet grønkål
- 1 kop revet rødkål
- 1 kop majskerner (dåse eller ristede)
- 2 blommetomater i tern
- $\frac{1}{4}$ kop knuste tortillachips
- 2 spsk hakkede friske korianderblade

Vejbeskrivelse

a) TIL DRESSINGEN: Kom koriander, yoghurt, hvidløg, limesaft og salt i skålen på en foodprocessor. Med motoren kørende, tilsæt olivenolie og eddike i en langsom strøm, indtil emulgeret. Dæk til og stil på køl i 3 til 4 dage.

b) TIL TILAPIAEN: Forvarm ovnen til 425 grader F. Smør en 9x13-tommers bradepande let med olie eller overtræk med nonstick-spray.

c) I en lille skål piskes smør, hvidløg, limeskal og limesaft sammen. Krydr tilapiaen med salt og peber og læg den i den tilberedte ovnfast fad. Dryp med smørblandingen.

d) Bages, indtil fisken let flager med en gaffel, 10 til 12 minutter.

e) Kog quinoaen efter anvisningen på pakken i en stor gryde med 2 kopper vand. Lad afkøle.

f) Fordel quinoaen i måltidsbeholdere. Top med tilapia, grønkål, kål, majs, tomater og tortillachips.

g) For at servere, dryp med koriander lime dressing, garneret med koriander, hvis det ønskes.

80. Høst cobb salat

ingredienser

Valmuefrødressing

- ¼ kop 2% mælk
- 3 spsk olivenolie mayonnaise
- 2 spsk græsk yoghurt
- 1 ½ spsk sukker eller mere efter smag
- 1 spsk æblecidereddike
- 1 spsk valmuefrø
- 2 spsk olivenolie

Salat

- 16 ounce' butternut squash, skåret i 1-tommers bidder
- 16 ounce rosenkål, halveret
- 2 kviste frisk timian
- 5 friske salvieblade
- Kosher salt og friskkværnet sort peber efter smag
- 4 mellemstore æg
- 4 skiver bacon i tern

- 8 kopper strimlet grønkål
- 1 ⅓ kopper kogte vilde ris

Vejbeskrivelse

a) TIL DRESSEN: Pisk mælk, mayonnaise, yoghurt, sukker, eddike og valmuefrø sammen i en lille skål. Dæk til og stil på køl i op til 3 dage.

b) Forvarm ovnen til 400 grader F. Smør en bageplade let eller belæg den med nonstick-spray.

c) Læg squash og rosenkål på den forberedte bageplade. Tilsæt olivenolie, timian og salvie og vend forsigtigt sammen; smag til med salt og peber. Arranger i et jævnt lag og bag, vend én gang, i 25 til 30 minutter, indtil de er møre; sæt til side.

d) Læg i mellemtiden æggene i en stor gryde og dæk med koldt vand med 1 tomme. Bring i kog og kog i 1 minut. Dæk gryden med et tætsluttende låg og fjern fra varmen; lad sidde i 8 til 10 minutter. Dræn godt af og lad afkøle, inden du skræller og skærer i skiver.

e) Varm en stor stegepande op over medium-høj varme. Tilsæt bacon og kog indtil brun og sprød, 6 til 8 minutter; dræn overskydende fad. Overfør til en tallerken foret med papirhåndklæde; sæt til side.

f) For at samle salaterne skal du placere grønkålen i måltidsforberedelsesbeholdere; arrangere rækker af squash, rosenkål, bacon, æg og vilde ris ovenpå. Holder sig tildækket i køleskabet i 3 til 4 dage. Server med valmuefrødressingen.

81. Buffalo blomkål cobb salat

ingredienser
- 3-4 kopper blomkålsbuketter
- 115 oz. kan kikærter, drænet, skyllet og duppet tør
- 2 tsk avocadoolie
- ½ tsk peber
- ½ tsk havsalt
- ½ kop buffalo wing sauce
- 4 kopper frisk romaine, hakket
- ½ kop selleri, hakket
- ¼ kop rødløg, skåret i skiver
- Cremet vegansk ranchdressing:
- ½ kop rå cashewnødder, udblødt 3-4 timer eller natten over
- ½ kop frisk vand
- 2 tsk tørret dild
- 1 tsk hvidløgspulver
- 1 tsk løgpulver
- ½ tsk havsalt
- knivspids sort peber

Vejbeskrivelse

a) Indstil ovnen til 450°F.
b) Tilsæt blomkål, kikærter, olie, peber og salt i en stor skål og vend til pels.
c) Hæld blandingen på en bageplade eller sten. Steg i 20 minutter. Tag bagepladen ud af ovnen, hæld bøffelsauce over blandingen og vend til belægning. Steg i yderligere 10-15 minutter eller indtil kikærter er sprøde og blomkål er ristet efter din smag. Fjern fra ovnen.
d) Tilsæt udblødte og drænede cashewnødder i en kraftig blender eller foodprocessor med 1/2 kop vand, dild, hvidløgspulver, løgpulver, salt og peber. Blend indtil glat.
e) Grib to salatskåle og tilsæt 2 kopper hakket romaine, 1/4 kop selleri og 1/8 kop løg til hver skål. Top med ristet bøffel blomkål og kikærter. Dryp dressingen på og nyd!

82. Mason krukke rødbeder og rosenkål korn skåle

ingredienser

- 3 mellemstore rødbeder (ca. 1 pund)
- 1 spsk olivenolie
- Kosher salt og friskkværnet sort peber efter smag
- 1 kop farro
- 4 kopper babyspinat eller grønkål
- 2 kopper rosenkål (ca. 8 ounces), skåret i tynde skiver
- 3 klementiner, skrællet og delt
- ½ kop pekannødder, ristede
- ½ kop granatæblekerner

Honning-Dijon rødvinsvinaigrette

- ¼ kop ekstra jomfru olivenolie
- 2 spsk rødvinseddike
- ½ skalotteløg, hakket
- 1 spsk honning
- 2 tsk fuldkornssennep
- Kosher salt og friskkværnet sort peber efter smag

Vejbeskrivelse

a) Forvarm ovnen til 400 grader F. Beklæd en bageplade med folie.

b) Læg rødbederne på folien, dryp med olivenolie, og krydr med salt og peber. Fold alle 4 sider af folien op for at lave en pose. Bages indtil gaffelmør, 35 til 45 minutter; lad afkøle, cirka 30 minutter.

c) Brug et rent køkkenrulle til at gnide rødbederne for at fjerne skindet; skæres i mundrette stykker.

d) Kog farroen efter pakkens anvisning, og lad den derefter køle af.

e) Del rødbederne i 4 (32-ounce) glas med bred mund og låg. Top med spinat eller grønkål, farro, rosenkål, klementiner, pekannødder og granatæblekerner. Holder sig tildækket i køleskabet i 3 eller 4 dage.

f) TIL VINAIGRETEN: Pisk olivenolie, eddike, skalotteløg, honning, sennep og 1 spsk vand sammen; smag til med salt og peber. Dæk til og stil på køl i op til 3 dage.

g) Til servering skal du tilføje vinaigretten til hver krukke og ryste. Server straks.

83. Mason jar broccolisalat

ingredienser

- 3 spsk 2% mælk
- 2 spsk olivenolie mayonnaise
- 2 spsk græsk yoghurt
- 1 spsk sukker eller mere efter smag
- 2 tsk æblecidereddike
- ½ kop cashewnødder
- ¼ kop tørrede tranebær
- ½ kop rødløg i tern
- 2 ounce cheddarost, skåret i tern
- 5 kopper groft hakkede broccolibuketter

Vejbeskrivelse

a) TIL DRESSEN: Pisk mælk, mayonnaise, yoghurt, sukker og eddike sammen i en lille skål.

b) Fordel dressingen i 4 (16 ounce) bredmundede glaskrukker med låg. Top med cashewnødder, tranebær, løg, ost og broccoli. Stil på køl i op til 3 dage.

c) For at servere skal du ryste indholdet af en krukke og servere med det samme.

84. Mason jar kyllingesalat

ingredienser

- 2 ½ kopper rester af revet rotisserie kylling
- ½ kop græsk yoghurt
- 2 spsk olivenolie mayonnaise
- ¼ kop rødløg i tern
- 1 stilk selleri i tern
- 1 spsk friskpresset citronsaft, eller mere efter smag
- 1 tsk hakket frisk estragon
- ½ tsk dijonsennep
- ½ tsk hvidløgspulver
- Kosher salt og friskkværnet sort peber efter smag
- 4 kopper strimlet grønkål
- 2 Granny Smith æbler, udkernede og hakkede
- ½ kop cashewnødder
- ½ kop tørrede tranebær

Vejbeskrivelse

a) I en stor skål kombineres kylling, yoghurt, mayonnaise, rødløg, selleri, citronsaft, estragon, sennep og hvidløgspulver; smag til med salt og peber.

b) Fordel kyllingeblandingen i 4 (24-ounce) bredmundede glaskrukker med låg. Top med grønkål, æbler, cashewnødder og tranebær. Stil på køl i op til 3 dage.

c) For at servere skal du ryste indholdet af en krukke og servere med det samme.

85. Mason krukke kinesisk kyllingesalat

ingredienser

- ½ kop risvinseddike

- 2 fed hvidløg, presset

- 1 spsk sesamolie

- 1 spsk friskrevet ingefær

- 2 tsk sukker eller mere efter smag

- ½ tsk sojasovs med reduceret natrium

- 2 grønne løg, skåret i tynde skiver

- 1 tsk sesamfrø

- 2 gulerødder, skrællet og revet

- 2 kopper engelsk agurk i tern

- 2 kopper strimlet lilla kål

- 12 kopper hakket grønkål

- 1 ½ kopper tilovers hakket rotisserie kylling

- 1 kop wonton strimler

Vejbeskrivelse

a) TIL VINAIGRETEN: Pisk eddike, hvidløg, sesamolie, ingefær, sukker og sojasovs sammen i en lille skål. Fordel dressingen i 4 (32-ounce) bredmundede glaskrukker med låg.

b) Top med grønne løg, sesamfrø, gulerødder, agurk, kål, grønkål og kylling. Stil på køl i op til 3 dage. Opbevar wonton-strimlerne separat.

c) For at servere skal du ryste indholdet af en krukke og tilføje wonton-strimlerne. Server straks.

86. Mason jar niçoise salat

ingredienser

- 2 mellemstore æg
- 2 ½ kopper halverede grønne bønner
- 3 (7-ounce) dåser albacore tun pakket i vand, drænet og skyllet
- ¼ kop ekstra jomfru olivenolie
- 2 spsk rødvinseddike
- 2 spsk rødløg i tern
- 2 spsk hakket frisk persilleblade
- 1 spsk hakkede friske estragonblade
- 1½ tsk dijonsennep
- Kosher salt og friskkværnet sort peber efter smag
- 1 kop halverede cherrytomater
- 4 kopper revet smørsalat
- 3 kopper rucola blade
- 12 Kalamata oliven
- 1 citron, skåret i tern (valgfrit)

Vejbeskrivelse

a) Læg æggene i en stor gryde og dæk med koldt vand med 1 tomme. Bring i kog og kog i 1 minut. Dæk gryden med et tætsluttende låg og tag af varmen; lad sidde i 8 til 10 minutter.

b) I mellemtiden blancherer du de grønne bønner i en stor gryde med kogende saltet vand, indtil de er lysegrønne, cirka 2 minutter. Dræn og afkøl i en skål med isvand. Dræn godt af. Dræn æggene og lad dem køle af, inden de pilles og skæres i halve på langs.

c) Kombiner tun, olivenolie, eddike, løg, persille, estragon og Dijon i en stor skål, indtil de lige er kombineret; smag til med salt og peber.

d) Fordel tunblandingen i 4 (32 ounce) bredmundede glaskrukker med låg. Top med grønne bønner, æg, tomater, smørsalat, rucola og oliven. Stil på køl i op til 3 dage.

e) For at servere skal du ryste indholdet af en krukke. Server med det samme, eventuelt med citronbåde.

87. Krydrede tun skåle

ingredienser

- 1 kop langkornet brune ris
- 3 spsk olivenolie mayonnaise
- 3 spsk græsk yoghurt
- 1 spsk sriracha sauce, eller mere efter smag
- 1 spsk limesaft
- 2 teskefulde sojasovs med reduceret natrium
- 2 (5-ounce) dåser albacore tun, drænet og skyllet
- Kosher salt og friskkværnet sort peber efter smag
- 2 kopper strimlet grønkål
- 1 spsk ristede sesamfrø
- 2 tsk ristet sesamolie
- 1 ½ kop engelsk agurk i tern
- ½ kop syltet ingefær
- 3 grønne løg, skåret i tynde skiver
- ½ kop revet ristet nori

Vejbeskrivelse

a) Kog risene efter pakkens anvisninger i 2 kopper vand i en mellemstor gryde; sæt til side.

b) I en lille skål piskes mayonnaise, yoghurt, sriracha, limesaft og sojasovs sammen. Hæld 2 spiseskefulde af mayonnaiseblandingen i en anden skål, dæk til og stil på køl. Rør tunen ind i den resterende mayoblanding og vend forsigtigt sammen; smag til med salt og peber.

c) Kombiner grønkål, sesamfrø og sesamolie i en mellemstor skål; smag til med salt og peber.

d) Fordel risene i måltidsbeholdere. Top med tunblanding, grønkålsblanding, agurk, ingefær, grønne løg og nori. Stil på køl i op til 3 dage.

e) Til servering, dryp med mayonnaiseblandingen.

88. Steak cobb salat

Balsamico vinaigrette

- 3 spsk ekstra jomfru olivenolie
- 4 ½ tsk balsamicoeddike
- 1 fed hvidløg, presset
- 1 ½ tsk tørrede persilleflager
- ¼ tsk tørret basilikum
- ¼ tsk tørret oregano

Salat

- 4 mellemstore æg
- 1 spsk usaltet smør
- 12 ounce bøf
- 2 tsk olivenolie
- Kosher salt og friskkværnet sort peber efter smag
- 8 kopper babyspinat
- 2 kopper cherrytomater, halveret
- ½ kop halve pekannødder
- ½ kop smuldret fedtfattig fetaost

Vejbeskrivelse

a) TIL BALSAMISK VINAIGRETTE: Pisk olivenolie, balsamicoeddike, sukker, hvidløg, persille, basilikum, oregano og sennep (hvis du bruger) sammen i en mellemstor skål. Dæk til og stil på køl i op til 3 dage.

b) Læg æggene i en stor gryde og dæk med koldt vand med 1 tomme. Bring i kog og kog i 1 minut. Dæk gryden med et tætsluttende låg og fjern fra varmen; lad sidde i 8 til 10 minutter. Dræn godt af og lad afkøle, inden du skræller og skærer i skiver.

c) Smelt smørret i en stor stegepande over medium-høj varme. Brug køkkenrulle til at tørre begge sider af bøffen. Dryp med olivenolie og krydr med salt og peber. Tilføj bøffen til stegepanden og steg, vend én gang, indtil den er gennemstegt til den ønskede færdighed, 3 til 4 minutter pr. side til medium-sjælden. Lad hvile 10 minutter, inden du skærer i mundrette stykker.

d) For at samle salaterne skal du placere spinat i måltidsforberedelsesbeholdere; top med arrangerede rækker af bøf, æg, tomater, pekannødder og feta. Dæk til og stil på køl i op til 3 dage. Server med balsamicovinaigretten eller ønsket dressing.

89. Sød kartoffel nærende skåle

ingredienser

- 2 mellemstore søde kartofler, skrællet og skåret i 1-tommers stykker

- 3 spsk ekstra jomfru olivenolie, delt

- ½ tsk røget paprika

- Kosher salt og friskkværnet sort peber efter smag

- 1 kop farro

- 1 bundt lacinato-grønkål, revet

- 1 spsk friskpresset citronsaft

- 1 kop revet rødkål

- 1 kop halverede cherrytomater

- ¾ kop sprøde Garbanzo bønner

- 2 avocadoer, halveret, udstenet og skrællet

Vejbeskrivelse

a) Forvarm ovnen til 400 grader F. Beklæd en bageplade med bagepapir.

b) Læg de søde kartofler på den forberedte bageplade. Tilsæt 1 ½ spsk af olivenolien og paprikaen, smag til med salt og peber, og vend forsigtigt sammen. Arranger i et enkelt lag og bag i 20 til 25 minutter, vend én gang, indtil let gennembores med en gaffel.

c) Kog farroen efter pakkens anvisning; sæt til side.

d) Kombiner grønkål, citronsaft og de resterende 1 ½ spsk olivenolie i en mellemstor skål. Masser grønkålen godt sammen og smag til med salt og peber.

e) Opdel farro i måltidsbeholdere. Top med søde kartofler, kål, tomater og sprøde garbanzos. Stil på køl i op til 3 dage. Server med avocadoen.

90. Thai kylling buddha skåle

ingredienser

Krydret jordnøddesauce

- 3 spsk cremet jordnøddesmør
- 2 spsk friskpresset limesaft
- 1 spsk sojasovs med reduceret natrium
- 2 tsk mørk brun farin
- 2 tsk sambal oelek (kværnet frisk chilipasta)

Salat

- 1 kop farro
- ¼ kop hønsefond
- 1 ½ spsk sambal oelek (kværnet frisk chilipasta)
- 1 spsk lys brun farin
- 1 spsk friskpresset limesaft
- 1 pund udbenet, skindfri kyllingebryst, skåret i 1-tommers stykker
- 1 spsk majsstivelse
- 1 spsk fiskesauce
- 1 spsk olivenolie

- 2 fed hvidløg, hakket

- 1 skalotteløg, hakket

- 1 spsk friskrevet ingefær

- Kosher salt og friskkværnet sort peber efter smag

- 2 kopper strimlet grønkål

- 1 ½ kopper strimlet lilla kål

- 1 kop bønnespirer

- 2 gulerødder, skrællet og revet

- ½ kop friske korianderblade

- ¼ kop ristede jordnødder

Vejbeskrivelse

a) TIL PEANUTSAUSEN: Pisk jordnøddesmør, limesaft, sojasauce, brun farin, sambal oelek og 2 til 3 spsk vand sammen i en lille skål. Dæk til og stil på køl i op til 3 dage.

b) Kog farroen efter pakkens anvisning; sæt til side.

c) Mens farroen koger, pisk i en lille skål bouillon, sambal oelek, brun farin og limesaft sammen; sæt til side.

d) Kombiner kyllingen, majsstivelsen og fiskesovsen i en stor skål, vend til belægning, og lad kyllingen absorbere majsstivelsen i et par minutter.

e) Varm olivenolien op i en stor gryde ved middel varme. Tilsæt kyllingen og kog indtil gylden, 3 til 5 minutter. Tilsæt hvidløg, skalotteløg og ingefær og fortsæt med at koge under jævnlig omrøring, indtil dufter, cirka 2 minutter. Rør bouillonblandingen i og kog indtil den er let tyknet, cirka 1 minut. Smag til med salt og peber efter smag.

f) Fordel farroen i måltidsbeholdere. Top med kylling, grønkål, kål, bønnespirer, gulerødder, koriander og jordnødder. Holder sig tildækket i køleskabet i 3 til 4 dage. Server med den krydrede jordnøddesauce.

91. Thai peanut chicken wraps

ingredienser

Kokos karry jordnøddesauce

- ¼ kop let kokosmælk

- 3 spsk cremet jordnøddesmør

- 1 ½ spsk krydret risvinseddike

- 1 spsk sojasovs med reduceret natrium

- 2 tsk mørk brun farin

- 1 tsk chili hvidløg sauce

- ¼ tsk gult karrypulver

Indpakning

- 2 ½ kopper tilovers hakket rotisserie kylling

- 2 kopper strimlet Napa-kål

- 1 kop tyndt skåret rød peberfrugt

- 2 gulerødder, skrællet og skåret i tændstik

- 1 ½ spsk friskpresset limesaft

- 1 spsk olivenolie mayonnaise

- Kosher salt og friskkværnet sort peber efter smag

- 3 ounce fedtfattig flødeost, ved stuetemperatur
- 1 tsk friskrevet ingefær
- 4 (8-tommer) soltørrede tomat tortilla wraps

Vejbeskrivelse

a) TIL KOKOSKARRY PEANUTSAUCE: Pisk kokosmælk, jordnøddesmør, risvinseddike, sojasauce, brun farin, chili-hvidløgssauce og karrypulver sammen i en lille skål. Sæt 3 spsk til side til kyllingen; afkøl resten indtil servering.

b) Kombiner kyllingen og de 3 spsk jordnøddesauce i en stor skål, og vend indtil den er dækket.

c) I en mellemstor skål kombineres kål, peberfrugt, gulerødder, limesaft og mayonnaise; smag til med salt og peber.

d) I en lille skål kombineres flødeost og ingefær; smag til med salt og peber.

e) Fordel flødeostblandingen jævnt på tortillas, efterlad en 1-tommers kant. Top med kyllingen og kålblandingen. Fold siderne ind med cirka 1 tomme, og rul derefter stramt op fra bunden. Holder sig tildækket i køleskabet i 3 til 4 dage. Server hver wrap med kokos-karry-jordnøddesauce.

92. Kalkun spinat nålehjul

ingredienser

- 1 skive cheddarost
- 2 ounce tyndt skåret kalkunbryst
- ½ kop babyspinat
- 1 (8-tommer) spinat-tortilla
- 6 baby gulerødder
- ¼ kop druer
- 5 agurkeskiver

Vejbeskrivelse

a) Placer ost, kalkun og spinat i midten af tortillaen. Bring den nederste kant af tortillaen tæt over spinaten og fold siderne ind. Rul sammen indtil toppen af tortillaen er nået. Skær i 6 nålehjul.

b) Placer nålehjul, gulerødder, druer og agurkeskiver i en beholder til forberedelse af måltider. Holder sig tildækket i køleskabet i 2 til 3 dage.

93. Kalkun taco salat

ingredienser

- 1 spsk olivenolie
- 1 ½ pund malet kalkun
- 1 (1,25-ounce) pakke tacokrydderi
- 8 kopper strimlet romainesalat
- ½ kop pico de gallo (hjemmelavet eller købt i butikken)
- ½ kop græsk yoghurt
- ½ kop revet mexicansk osteblanding
- 1 lime, skåret i tern

Vejbeskrivelse

a) Varm olivenolien op i en stor stegepande ved middelhøj varme. Tilsæt den malede kalkun og kog indtil brunet, 3 til 5 minutter, og sørg for at smuldre kødet, mens det koger; rør tacokrydderierne i. Dræn overskydende fad.

b) Læg romainesalaten i sandwichposer. Placer pico de gallo, yoghurt og ost i separate 2-ounce Jell-O-shot kopper med låg. Læg det hele - kalkun, romaine, pico de gallo, yoghurt, ost og limebåde - i måltidsbeholdere.

94. Meget grøn mason jar salat

ingredienser

- ¾ kop perlebyg
- 1 kop friske basilikumblade
- ¾ kop 2% græsk yoghurt
- 2 grønne løg, hakket
- 1 ½ spsk friskpresset limesaft
- 1 fed hvidløg, pillet
- Kosher salt og friskkværnet sort peber efter smag
- ½ engelsk agurk, groft hakket
- 1 pund (4 små) zucchini, spiraliseret
- 4 kopper strimlet grønkål
- 1 kop frosne grønne ærter, optøet
- ½ kop smuldret fedtfattig fetaost
- ½ kop ærteskud
- 1 lime skåret i tern (valgfrit)

Vejbeskrivelse

a) Kog byggen efter pakkens anvisninger; lad køle helt af og stil til side.

b) For at lave dressingen skal du kombinere basilikum, yoghurt, grønne løg, limesaft og hvidløg i skålen på en foodprocessor og smag til med salt og peber. Puls indtil glat, omkring 30 sekunder til 1 minut.

c) Fordel dressingen i 4 (32-ounce) brede glaskrukker med låg. Top med agurk, zucchininudler, byg, grønkål, ærter, feta og ærteskud. Stil på køl i op til 3 dage.

d) For at servere skal du ryste indholdet i en krukke. Server straks med limebåde, hvis det ønskes.

95. Zucchini forårsrulle skåle

ingredienser

- 3 spsk cremet jordnøddesmør
- 2 spsk friskpresset limesaft
- 1 spsk sojasovs med reduceret natrium
- 2 tsk mørk brun farin
- 2 tsk sambal oelek (kværnet frisk chilipasta)
- 1-pund mellemstore rejer, pillede og deveirede
- 4 mellemstore zucchini, spiraliseret
- 2 store gulerødder, skrællet og revet
- 2 kopper strimlet lilla kål
- ⅓ kop friske korianderblade
- ⅓ kop basilikumblade
- ¼ kop mynteblade
- ¼ kop hakkede ristede jordnødder

Vejbeskrivelse

a) TIL PEANUTSAUSEN: Pisk jordnøddesmør, limesaft, sojasauce, brun farin, sambal oelek og 2 til 3 spsk vand sammen i en lille skål. Stil på køl i op til 3 dage, indtil den skal serveres.

b) I en stor gryde med kogende saltet vand koger du rejerne, indtil de er lyserøde, cirka 3 minutter. Dræn og afkøl i en skål med isvand. Dræn godt af.

c) Fordel zucchini i måltidsbeholdere. Top med rejer, gulerødder, kål, koriander, basilikum, mynte og jordnødder. Holder sig tildækket i køleskabet i 3 til 4 dage. Server med den krydrede jordnøddesauce.

FRYSEMALTID

96. Butternut squash fritter

ingredienser

- 4 kopper strimlet butternut squash
- ⅓ kop hvidt fuldkornshvedemel
- 2 fed hvidløg, hakket
- 2 store æg, pisket
- ½ tsk tørret timian
- ¼ tsk tørret salvie
- Knip muskatnød
- Kosher salt og friskkværnet sort peber efter smag
- 2 spsk olivenolie
- ¼ kop græsk yoghurt (valgfrit)
- 2 spsk hakket frisk purløg (valgfrit)

Vejbeskrivelse

a) I en stor skål kombineres squash, mel, hvidløg, æg, timian, salvie og muskatnød; smag til med salt og peber.

b) Varm olivenolien op i en stor stegepande ved middelhøj varme. Tag i omgange omkring 2 spiseskefulde dej til hver fritte, tilsæt til gryden og flad med en spatel. Kog indtil undersiden er flot gyldenbrun, cirka 2 minutter. Vend og steg på den anden side, 1 til 2 minutter længere. Overfør til en tallerken foret med køkkenrulle.

c) Server med det samme, med græsk yoghurt og purløg, hvis det ønskes.

d) AT FRYSE: Læg de kogte fritter på en bageplade i et enkelt lag; dæk tæt med plastfolie, og frys natten over. Overfør til fryseposer og opbevar i fryseren i op til 3 måneder. Når du er klar til at servere, bages ved 350 grader F i omkring 10 til 15 minutter, indtil de er varmet, vendes halvvejs. Overfør til en tallerken foret med køkkenrulle.

97. Gulerod ingefær suppe

ingredienser

- 2 pund gulerødder, skrællet og hakket
- 1 sød kartoffel, skrællet og hakket
- 1 sødt løg, hakket
- 3 fed hvidløg
- 1 (¾-tommer) stykke frisk ingefær, skrællet og skåret i skiver
- 1 tsk røget paprika
- 2 laurbærblade
- 6 kopper grøntsagsfond, plus mere hvis nødvendigt
- Kosher salt og friskkværnet sort peber efter smag
- ⅓ kop friske korianderblade
- ¼ kop friske mynteblade
- 2 spsk friskpresset limesaft
- ⅓ kop tung fløde
- ¼ tsk røget paprika (valgfrit)

Vejbeskrivelse

a) Kombiner gulerødder, sød kartoffel, løg, hvidløg, ingefær, paprika, laurbærblade og lager i en stor hollandsk ovn; smag til med salt og peber.

b) Bring i kog; reducer varmen og lad det simre, indtil gulerødderne er møre, 25 til 30 minutter. Rør koriander, mynte og limesaft i. Kassér laurbærbladene.

c) Purér med en stavblender til den ønskede konsistens. Hvis suppen er for tyk, tilsættes mere bouillon efter behov.

d) Rør fløden i og kog indtil den er gennemvarmet, cirka 2 minutter. Server straks, garneret med paprika, hvis det ønskes.

e) TIL FRYSNING: Undlad cremen indtil servering. Fordel den afkølede suppe i ziplock fryseposer og læg poserne fladt i et enkelt lag i fryseren. Til servering tilsættes fløden og genopvarmes ved lav varme under omrøring af og til, indtil den er gennemvarmet.

98. Osteagtig kylling og broccoli risgryde

ingredienser

- 1 (6-ounce) pakke langkornet og vild risblanding
- 3 spsk usaltet smør
- 3 fed hvidløg, hakket
- 1 løg, i tern
- 2 kopper cremini-svampe i kvarte
- 1 stilk selleri i tern
- $\frac{1}{2}$ tsk tørret timian
- 1 spsk universalmel
- $\frac{1}{4}$ kop tør hvidvin
- 1 $\frac{1}{4}$ dl hønsefond
- Kosher salt og friskkværnet sort peber efter smag
- 3 kopper broccolibuketter
- $\frac{1}{2}$ kop creme fraiche
- 2 kopper rester af revet rotisserie kylling
- 1 kop revet fedtfattig cheddarost, delt
- 2 spsk hakket frisk persilleblade (valgfrit)

Vejbeskrivelse

a) Forvarm ovnen til 375 grader F.

b) Kog risblandingen efter pakkens anvisninger; sæt til side.

c) Smelt smørret i en stor ovnfast gryde ved middelhøj varme. Tilsæt hvidløg, løg, svampe og selleri og kog under omrøring af og til, indtil de er møre, 3 til 4 minutter. Rør timian i og kog indtil dufter, cirka 1 minut.

d) Pisk melet i, indtil det er let brunet, cirka 1 minut. Pisk gradvist vin og fond i. Kog, under konstant piskning, indtil det er lidt fortykket, 2 til 3 minutter; smag til med salt og peber.

e) Rør broccoli, creme fraiche, kylling, $\frac{1}{2}$ kop ost og risene i. Hvis du fryser gryden til senere brug, skal du stoppe her og springe til trin 7. Ellers drysses med den resterende $\frac{1}{2}$ kop ost.

f) Overfør stegepanden til ovnen og bag, indtil gryden er boblende og gennemvarmet, 20 til 22 minutter. Server straks, pyntet med persille, hvis det ønskes.

g) Fryse.

99. Kylling og quinoa tortilla suppe

ingredienser

Bagte tortilla strimler

- 4 majstortillas, skåret i tynde strimler
- ½ tsk chilipulver eller mere efter smag
- Kosher salt og friskkværnet sort peber efter smag
- 1 spsk olivenolie

Suppe

- 1 pund udbenet, skindfri kyllingebryst
- Kosher salt og friskkværnet sort peber efter smag
- 3 fed hvidløg, hakket
- 1 løg, i tern
- 1 grøn peberfrugt i tern
- 2 spsk tomatpure
- 1 spsk chilipulver
- 1 ½ tsk stødt spidskommen
- 1 tsk tørret oregano
- 8 kopper hønsefond

- 1 (28-ounce) dåse tomater i tern

- 1 (15-ounce) dåse sorte bønner, drænet og skyllet

- 1 ½ kop majskerner (frosne, dåse eller ristede)

- ½ kop quinoa

- Saft af 1 lime

- ½ kop hakkede friske korianderblade

- Valgfri garniture: revet cheddarost, hakket rødløg, jalapeño-skiver, korianderblade

Vejbeskrivelse

a) TIL TORTILLASTRILLENE: Forvarm ovnen til 375 grader F. Smør en bageplade let eller belæg den med nonstick-spray.

b) Spred tortillastrimlerne i et enkelt lag på den forberedte bageplade; krydr med chilipulver, salt og peber og overtræk med nonstick-spray. Bages indtil sprøde og gyldne, 10 til 12 minutter, omrøring halvvejs; sæt til side og lad afkøle.

c) Opvarm olivenolien i en stor gryde eller hollandsk ovn over medium varme. Krydr kyllingen med salt og peber. Tilføj kyllingen til gryden og kog indtil gylden, 2 til 3 minutter pr. side; over på en tallerken og sæt til side.

d) Tilsæt hvidløg, løg og peberfrugt til gryden og kog under omrøring af og til, indtil de er møre, 3 til 4 minutter. Rør tomatpuré, chilipulver, spidskommen og oregano i, og kog indtil dufter, cirka 1 minut. Rør kyllingen i sammen med bouillon, tomater, sorte bønner og majs. Bring i kog; reducer varmen og lad det simre uden låg, indtil kyllingen er mør og gennemstegt, 20 til 25 minutter. Fjern kyllingen fra gryden og riv den med to gafler.

e) Kom den strimlede kylling tilbage i gryden sammen med quinoaen og lad det simre uden låg, indtil quinoaen er mør, 15 til 20 minutter. Rør limesaft og koriander i og smag til med salt og peber.

f) Server straks med de bagte tortilla-strimler og yderligere pynt, hvis det ønskes.

100. Kalkun tamaletærter med majsbrødskorpe

ingredienser

Fyldning

- 1 spsk olivenolie
- 1 pund malet kalkunbryst
- 2 fed hvidløg, hakket
- 1 løg, i tern
- 1 mellemstor poblano peber, frøet og skåret i tern
- 2 tsk chilipulver
- 1 tsk tørret oregano
- $\frac{3}{4}$ teskefuld stødt spidskommen
- Kosher salt og friskkværnet sort peber efter smag
- 2 (14,5 ounce) dåser stuvede tomater i mexicansk stil
- 1 kop majskerner
- 2 spsk hakkede friske korianderblade

Cheddar-koriander majsbrødskorpe

- $\frac{1}{2}$ kop gul majsmel
- $\frac{1}{4}$ kop universalmel

- 1 tsk bagepulver
- ¼ tsk kosher salt
- ¾ kop fedtfattig kærnemælk
- 1 stort æg
- 1 spsk usaltet smør, smeltet
- ¾ kop revet ekstra skarp cheddarost
- ¼ kop hakkede friske korianderblade

Vejbeskrivelse

a) Forvarm ovnen til 425 grader F. Smør 6 (10-ounce) ramekins let med olie eller belæg med nonstick-spray.

b) TIL FYLDET: Varm olivenolien op i en stor gryde ved middelhøj varme. Tilsæt malet kalkun, hvidløg, løg og poblano. Kog indtil kalkunen er brunet, 3 til 5 minutter, og sørg for at smuldre kalkunen, mens den koger. Rør chilipulver, oregano og spidskommen i; smag til med salt og peber. Dræn overskydende fad.

c) Rør tomaterne i og bræk dem op med bagsiden af en ske. Bring det i kog og rør majs og koriander i. Fordel blandingen i de forberedte ramekins.

d) TIL SKORPEN: Kombiner majsmel, mel, bagepulver og salt i en mellemstor skål. I en stor glasmålekop eller en anden skål piskes kærnemælk, æg og smør sammen. Hæld den våde blanding over de tørre ingredienser og rør ved hjælp af en gummispatel, indtil den er fugtig. Tilsæt ost og koriander, og vend forsigtigt sammen.

e) Top fyldet i ramekins med skorpeblandingen i et jævnt lag. Placer på en bageplade og bag indtil gyldenbrun og skorpen er sat, cirka 25 minutter. Lad afkøle 10 minutter før servering, pyntet med yderligere korianderblade.

f) AT FRYSE: Lav ikke skorpen før serveringsdagen. Forbered fyldet til slutningen af trin 3, og dæk derefter de enkelte ramekins tæt med plastfolie. Frys i op til 3 måneder. For at servere skal du fjerne plastfolien. Dæk ramekins med aluminiumsfolie og bag ved 425 grader F i 45 minutter, mens du laver skorpen. Afdæk ramekinerne og top med skorpeblandingen. Bages i yderligere 20 til 30 minutter, indtil de er helt gennemstegte.

KONKLUSION

At spise rigtigt handler ikke kun om at sige nej til de usunde ting - det handler om at sige ja til det lige så lækre alternativ, som allerede er forberedt og venter på dig.

www.ingramcontent.com/pod-product-compliance
Lightning Source LLC
Chambersburg PA
CBHW071226080526
44587CB00013BA/1510